Romance mediúmnico

SIEMPRE HAY UNA ESPERANZA

Por el Espíritu
Roboel

Psicografía de
Eurípides Kühl

Traducción al Español:
J.Thomas Saldias, MSc.
Lima, Perú, Junio, 2024

Título Original en Portugués:
"Sempre ha uma esperança"
© Eurípedes Kühl, 1995

World Spiritist Institute
Houston, Texas, USA
E-mail: contact@worldspiritistinstitute.org

Del Médium

Eurípedes Kühl nació en Igarapava, SP, el 21- 08- 1934. Hijo de Miguel Augusto Kühl y Anna García Kühl, está casado con doña Lúcy Câmara Kühl y tienen 2 hijos.

Profesionalmente es oficial del Ejército (Capitán), paracaidista, estando en la Reserva Remunerada desde 1983, después de 31 años de servicio activo, sirviendo en varias guarniciones militares.

También es Licenciado en Administración de Empresas.

Su nombre es un merecido homenaje a Eurípedes Barsanulfo, rendido por su madre, quien fue curada por el bondadoso médium, en un desdoblamiento espiritual, en 1917.

Vive en Ribeirão Preto - SP, donde trabaja con gran entusiasmo en el movimiento espírita.

Del Traductor

Jesús Thomas Saldias, MSc, nació en Trujillo, Perú.

Desde los años 80s conoció la doctrina espírita gracias a su estadía en Brasil donde tuvo oportunidad de interactuar a través de médiums con el Dr. Napoleón Rodriguez Laureano, quien se convirtió en su mentor y guía espiritual.

Posteriormente se mudó al Estado de Texas, en los Estados Unidos y se graduó en la carrera de Zootecnia en la Universidad de Texas A&M. Obtuvo también su Maestría en Ciencias de Fauna Silvestre siguiendo sus estudios de Doctorado en la misma universidad.

Terminada su carrera académica, estableció la empresa *Global Specialized Consultants LLC* a través de la cual promovió el Uso Sostenible de Recursos Naturales a través de Latino América y luego fue partícipe de la formación del **World Spiritist Institute**, registrado en el Estado de Texas como una ONG sin fines de lucro con la finalidad de promover la divulgación de la doctrina espírita.

Actualmente se encuentra trabajando desde Perú en la traducción de libros de varios médiums y espíritus del portugués al español, habiendo traducido más de 330 títulos, así como conduciendo el programa "La Hora de los Espíritus."

ÍNDICE

INTRODUCCIÓN 6
NAVIDAD... NAVIDAD.. 9
AVENTURAS DEL ALMA 14
"ÁNGELES DE LA GUARDA" 24
LIBRE ALBEDRÍO 26
EL AMOR Y LAS MARGARITAS 33
HERENCIAS CONTINUAS... 48
OTRA TIERRA, LA MISMA GENTE. 62
LA PREGUNTA CLAVE... 75
CALENTANDO EL CALDERO 91
EL TRUENO Y LA CONSCIENCIA............................. 115
ANCLA DE POLIESTIRENO 139
FUNDAMENTOS ESPIRITUALES 149
"O MIO CARO BABBINO." 155
EL MAL NO PERDONA NI SIQUIERA EL MAL. 161
MALA "SUERTE" 176
VAMPIRISMO 181
EL EVANGELIO: ¡LA FUERZA SUPERIOR! 190
PASAPORTES DE DESTINO....................................... 200
ÓRBITAS EVANGÉLICAS 209
ALEGRÍA EN EL CIELO... 221
LA GEOMETRÍA VIENE DE DIOS............................. 228
¿JUICIO FINAL?.. 242

INTRODUCCIÓN

Esta obra está dedicada a todos los ángeles de la guarda.

La expresión "ángel de la guarda", utilizada frecuentemente en este libro, hace referencia al espíritu protector que todos tenemos.

El lector encontrará descripciones detalladas de cómo actúan estos benditos mensajeros del Señor, protegiendo a los encarnados con quienes han asumido este compromiso.

Nadie sobre la faz de la Tierra está solo, ya sea perdido en el desierto, o en alta mar, o en un denso bosque, o en la cima de la montaña más alta; con él siempre habrá un centinela del bien: ¡su "ángel de la guarda"!

Por lo tanto, es sabio escucharlo siempre.

En este libro, el autor se propone, recordando inicialmente sus limitaciones, comentar algunas formas en las que es posible para cualquiera de nosotros establecer contacto con nuestro "ángel de la guarda."

Para ello, sugiere, basta con dirigir el pensamiento hacia el sano diálogo, la súplica, el consejo o el agradecimiento.

Comprenderemos mejor nuestra relación con el mundo espiritual, y en particular con nuestro "ángel de la guarda", viajando con el autor a bordo de la preciosa información incluida en este libro.

Ejerciendo la fraternidad, en comunión de ideas con quien tan bien conoce nuestra intimidad, nuestro "ángel de la guarda", podremos conocer también sus ideales, resultando, de esta simbiosis, en nuestro y su crecimiento moral.

Después, con el perfeccionamiento de nuestras acciones, seremos alumnos de ese mismo aprendizaje, experimentando en el futuro, como desenmarañando, la misma metamorfosis.

Así que algún día también seremos el "ángel de la guarda" de alguien.

✳ ✳ ✳

Al final del milenio, un tormento se cierne sobre el dolor más grande: ¡el SIDA!

Asistimos a un terrible aumento en el número de vagabundos en todo el mundo que tienen el SIDA como compañero o cerca.

Vigilantes, en mayor o menor grado, todos somos, al fin y al cabo, aun cautivos de los multiplicados cambios de vestimenta carnal, instrumento sublime y cobertura temporal del espíritu inmortal, que a veces desperdiciamos.

Por nuestra culpa sufrimos tristes consecuencias.

El autor es el espíritu de quienes más de cerca hablan a nuestro corazón, he aquí, juntos hemos ido transitando los caminos del Señor, a veces con caídas, a veces con las bendiciones de tareas que nos inducen al crecimiento espiritual.

Un médico, en varios recorridos, tiene la autoridad de recorrer los procesos orgánicos, conociendo sus funciones y, sobre todo, las causas de las disfunciones.

Aquí tendremos una valiosa advertencia sobre las pesadas cargas que aguardan a los esclavos del sexo salvaje, a los locos que buscan libertad y soluciones a través del suicidio, a los que codician la riqueza y el poder, a los apologistas de la eutanasia y a los mercantilistas de la mediumnidad.

Pero sobre todo, esta obra resalta la bondad suprema del Padre, mostrando que a todos, sin excepción, además del ángel guardián individual, también presentó a otro, que es el ángel guardián de toda la Humanidad: ¡Jesús!

Claudinei

Espíritu guía del autor

Ribeirão Preto,

SP, 19 de septiembre de 1994.

NAVIDAD... NAVIDAD...

Faltando dos días para Navidad, la gran juguetería estaba repleta de compradores, aunque las existencias casi se habían agotado.

Karen, al entrar a la tienda, caminó hacia un grupo de clientes que estaban siendo atendidos en el mostrador de muñecas.

Miró una muñeca muy hermosa que, sola, ocupaba un espacio enorme en el estante. Una señal que debía ser muy cara, porque ¿cómo podría alguien entender que hasta ese momento aun no se había vendido?

Se detuvo estática frente al estante de la muñeca "sin hermana", como pensaba. Levantó el dedo índice y señaló a la muñeca.

Como permaneció en esta posición durante varios minutos, terminó llamando la atención de algunas personas.

El encargado de la tienda, al ver a aquella niña, de aproximadamente siete u ocho años, desatendida, señalando durante tanto tiempo a la muñeca, sin moverse ni hablar, se acercó a ella:

– Querida, ¿qué quieres?

La respuesta era obvia. Pero, como el trato de protocolo comercial era rutinario en la tienda, no "parecería bien" que un cliente no fuera tratado con cortesía.

Esto, aunque Karen, necesariamente, no parecía ser una cliente, sino quizás una niña que se había separado temporalmente de sus padres.

Este juicio fue hecho por el administrador, porque la niña, si no estaba muy bien vestida, al menos no parecía una mendiga, algo que era muy común especialmente en aquella época. Sobre todo porque el guardia de seguridad de la puerta le había permitido entrar a la tienda.

Ninguna respuesta.

El directivo, algo avergonzado por ser el blanco de algunas miradas, insistió:

– Hija mía, ¿podemos ayudarte?

El trato siguió siendo cortés, aparentemente afectuoso.

La niña no se movió. Su dedo meñique apuntaba fijamente a la muñeca.

Dos señoras más cercanas notaron lo que estaba sucediendo, porque esa niña, inmóvil, señalando una muñeca, despertaba no solo su atención, sino, más que eso, emoción y lástima.

La niña, sin contraer un solo músculo de la cara ni de todo el cuerpo, comenzó a derramar lágrimas.

La escena, al principio un tanto patética, se tornó conmovedora.

El encargado se agachó, puso su brazo sobre los hombros de aquella niña y le preguntó:

– ¿Cómo te llamas?

– Karen...

– ¿Cuántos años tienes?

– Ocho...

– ¿Dónde está tu madre?

– En la calle, buscando comida...

– ¿Y qué viniste a hacer aquí? ¿Quieres comida?

Este era el momento que esperaba Karen, quien aunque en sus primeros años ya era astuta. Sin bajar el dedo, respondió ingenuamente:

- Papá Noel, afuera, dijo que ganaría lo que yo quisiera y me dijo que entrara...

Sollozó fuertemente, tres veces.

- Quiero esa muñeca...

Con evidentes muestras de malestar, el funcionario aun así se arriesgó, aunque ya sospechaba cuál sería la respuesta:

- ¿Dónde está el dinero para comprar la muñeca? Tú sabes es cara, ¿no lo sabes mi amor?

- No señor, no lo sé, no tengo dinero. Y tengo hambre...

El funcionario se perdió y sin más razonamientos apropiados, obligó a esa incómoda niña a retirarse, agarrándola del brazo e intentando sacarla afuera.

La niña reaccionó:

- Tengo hambre, dame esa muñeca, para que sea mi pequeña.

Sensibilizado, uno más de los clientes, de los tantos que ahora rodeaban a Karen, tocó levemente el hombro del encargado y asumió la compra de la muñeca.

La niña, al recibir la muñeca, aun dentro de la tienda, bajó la cabeza y dijo para que todos la oyeran:

- Mis hermanitos van a llorar cuando llegue...

Sin entender realmente, otro cliente preguntó:

– ¿Por qué llorarán?

– Porque no tienen juguetes.

– ¿Cuántos hermanos tienes?

– Dos.

– ¿Cuántos años tienen?

– Carlitos tiene cuatro y Toñito tiene siete.

Antes que la mujer dijera una palabra, otro cliente se adelantó y se dirigió a su amiga:

– Tú le das un juguete a uno y yo se lo doy al otro.

Y así se hizo: la tienda entregaría, en casa de Karen, una bicicleta para los más pequeños y una bicicleta pequeña para los mayores. Al fin y al cabo, el costo de los tres juguetes se dividió entre unos ocho clientes, que insistieron en participar en aquel acto benéfico. Es más, también le dieron dinero, suficiente para al menos una buena cena navideña. Así, pocos momentos después de entrar en la tienda, "con las manos y los bolsillos vacíos", la niña salió abrazada a "su pequeña hija", teniendo garantizados buenos juguetes para sus hermanitos y todavía con dinero para "comprar comida."

Todos estaban felices.

Solo yo estaba profundamente infeliz al ver fracasar mis redoblados esfuerzos para detener el mal comportamiento de Karen. Aunque todavía era una niña, ya viajaba por caminos peligrosos y, lo que es peor, con una ayuda invisible y desafortunada, a la que dejó abierta su mente infantil, rechazando el apoyo cristiano, también invisible. Es imposible detener el sentimiento de fracaso, seguido de una gran tristeza que me invade.

Lágrimas incontrolables brotaron de mis ojos, reflejando cuánto me dolía el corazón por la forma desafortunada en que esa niña manejaba los sentimientos navideños de la gente.

Pronto sentí pena por un pensamiento desafortunado que no podía evitar: Jesús, el cumpleañero que motivó a toda la humanidad cristiana a celebrar la Navidad, no merecía esa vileza. Más aun viniendo de una niña.

Me arrepentí al recordar que el amor del Maestro perdonaba ofensas mayores; ciertamente lo perdonaría también.

– Navidad, Navidad, ¿cuándo todos los hombres se darán amor unos a otros en lugar de regalos materiales? – Me pregunté pensando.

AVENTURAS DEL ALMA

Karen, diez años después, decidió buscar un trabajo mejor, ya que, hacía unos días, había pedido que la liberaran de su trabajo soldando piezas electrónicas en la fábrica de televisores. Compró un periódico con ofertas de trabajo y, al no encontrar nada que despertase su interés, decidió pasear por la zona central de la ciudad, "buscando inspiración" sobre dónde buscar trabajo.

La ayudé. Respetando su libre albedrío y viendo que nada de lo que decía el periódico le interesaba, la induje, mediante el lenguaje mental, a buscar trabajo en una determinada empresa, con sede en la ciudad e instalaciones industriales en el campo.

En el periódico había un anuncio de trabajo para esa misma empresa, pero ella no lo vio. De acuerdo con mi misión, le propuse el intento, que ella, afortunadamente, aceptó.

Allí comenzó un complejo itinerario...

Se dirigió al pequeño mostrador donde el conserje clasificaba una voluminosa correspondencia.

Miró el gran panel sobre las puertas del ascensor y leyó: "Fábrica Santa Quiropita", del octavo al décimo piso.

Al instante decidió que intentaría conseguir un trabajo en la Planta.

Le preguntó al cuidador:

– Por favor, ¿conoce al dueño de la planta?

El cuidador miró a esa chica, de deslumbrante belleza, quedando fascinado. El respondió:

– Es el doctor Oreppi.

– Gracias.

Tomó el ascensor y le preguntó al ascensorista:

– ¿Ha llegado ya el doctor Oreppi?

Ahora era el ascensorista quien la miraba embelesado y con avidez. Karen, muy acostumbrada a este tipo de reacciones masculinas, permaneció imperturbable, mirando a su admirador.

– Sí. Ha pasado un tiempo desde que llegó.

La joven no dijo a qué piso se dirigía. Confiaba en que el ascensorista le avisaría cuando llegara al lugar donde trabajaba el dueño de la planta.

De hecho, en el octavo piso le dijeron:

– Chica, la presidencia de la Planta ocupa el ala derecha de la sala.

Karen salió del ascensor y, en cuanto se cerraron las puertas, intentó identificar el entorno. Todo era sumamente lujoso, denotaba prosperidad, dinero, mucho dinero. Paredes enteras de vidrio, a veces transparentes, a veces esmeriladas, mostraban que la planta había invertido mucho en su oficina de la ciudad.

Se dirigió hacia la recepcionista, que ya llevaba unos segundos mirándola.

– ¿El Doctor Oreppi? – Preguntó serenamente.

La chica miró a su visitante, la midió por tercera vez de arriba a abajo y no pudo evitar sentir una repentina sensación de malestar, pensando:

– "¿Qué quiere esta joven con el Doctor Oreppi?"

– ¿Quién lo busca? – Respondió mecánicamente.

– Karen.

– Karen, ¿qué…?

– Para él, solo Karen.

– Por favor, ¿puedes decirme para qué lo buscas?

Mostrando molestia, Karen levantó ligeramente la barbilla y alzó la voz:

– Fue su madre quien me envió.

– ¡¿Doña Lízzia?!

La recepcionista acababa de caer en la trampa, al declinar el nombre de la madre del actual presidente de la planta. Karen, ni siquiera sabía si el Dr. Oreppi era joven o viejo, soltero o casado o si tenía padres vivos. Jugó alto. Se arriesgó.

Esta era la Karen de siempre.

– Sí, ella misma – confirmó con la mayor naturalidad.

– Un momento por favor.

A través del intercomunicador, la recepcionista se puso en contacto con la secretaria del Dr. Oreppi para informarle de la visita.

La secretaria simplemente respondió:

– Espera, por favor.

La recepcionista miró inquisitivamente a Karen. Ella confirmó que esperaría.

Se sentó en un cómodo sillón de la gran sala de espera, donde otros tres visitantes esperaban ser atendidos, seguramente por el doctor Oreppi.

Los tres hombres, como magnetizados, no habían podido apartar la mirada de ella desde que salió del ascensor. Si los pensamientos de los hombres pudieran unificarse, se reirían más o menos:

– "Este doctor Oreppi es realmente un inútil; además, cada vez elige mujeres más bellas con el dinero que tiene."

Después de unos minutos de Karen también hojeando una revista, una de las puertas de vidrio opaco se abrió y un visitante se despidió de la secretaria.

Al abrir la puerta para que el hombre saliera, la secretaria miró a los visitantes, enfocándose en Karen, admiró su belleza, luego cerró la puerta, desapareciendo.

Por el intercomunicador autorizó la entrada a uno de los hombres que esperaban, ya que el doctor Oreppi lo atendería. Todavía por el intercomunicador, la secretaria le pidió a la recepcionista que "pasara por" su oficina.

Cuando estuvo a solas con los dos hombres, Karen aprovechó la oportunidad para obtener alguna información sobre esa gran empresa y sus dueños.

Los visitantes se ofrecieron voluntariamente a brindarle a la joven respuestas a las interesantes preguntas que ella les hizo.

Se sintieron honrados, por decir lo menos. Los hombres eran proveedores desde hacía mucho tiempo y por lo tanto conocían bien la planta y toda su gestión. Karen pronto se enteró de la edad que tenía el doctor Oreppi, cuarenta años, más o menos, que tenía un hermano, llamado Gino, soltero, "más o menos de treinta años", y más, el presidente estaba casado y tenía tres hijos; Los "primeros Oreppis" fueron inmigrantes italianos que habían llegado a Brasil, probablemente en el siglo pasado, los actuales Oreppis ya estaban en la tercera generación de descendientes de aquellos pioneros.

Tuvo que interrumpir su plan cuando una joven, procedente de la otra habitación, se dirigió a uno de los visitantes que esperaban ser atendidos. Fue la secretaria del director de compras, quien le proporcionó cierta información al hombre, quien le agradeció y pronto abandonó la empresa.

Cuando la secretaria se iba, Karen, quien aprendió su papel gracias al otro visitante, se acercó a ella y le pidió que tuviera la amabilidad de decirle dónde estaba el baño.

La joven respondió amablemente, invitando a Karen a seguirla. Después de recorrer dos habitaciones, señaló el baño de mujeres. Karen, nuevamente mordaz, sonriendo y demostrando ingenuidad, declaró que estaba haciendo tareas escolares y necesitaba información familiar sobre los Oreppi, sus descendientes, cómo veían a la familia, sus negocios actuales, sus gustos y vida social.

La joven estaba dispuesta a contar lo que sabía, diciendo que no podía decir nada sobre la intimidad de los Oreppi, sobre todo porque esto estaba estrictamente prohibido.

Karen fue al baño y momentos después se dirigió hacia la chica, quien le entregó un folleto publicitario de la planta y algunos productos de la marca Oreppi.

– ¿Sabes si necesitan una secretaria aquí en la planta? – Preguntó como si no quisiera nada.

La chica la miró de arriba a abajo, como para confirmar si esta hermosa joven realmente quería trabajar. Casi para finalizar el diálogo, dijo:

– En planta necesitan una asistente de trabajador social.

Karen le dio las gracias y regresó a la sala de espera, donde hojeó el folleto, sabiendo que los padres del doctor Oreppi, actual presidente, se había retirado del negocio familiar y se lo había pasado a su primo, a menudo responsable de gestionar los destinos de la planta. Había muchas propiedades agrícolas e industriales propiedad de la familia Oreppi. La planta Santa Quiropita fue la principal. Los dos hermanos eran directores; Vittorio Grazziano Oreppi presidía la planta y la empresa que comercializaba los productos de azúcar y alcohol carburante de la planta, y Regina Grazziello Oreppi presidía la empresa que abarcaba las propiedades agrícolas de las plantaciones de caña de azúcar y cereales.

Después de casi una hora, fue el turno de Karen. Entró en la sala de la presidencia.

El hombre, detrás de la mesa, sentado en una silla con un respaldo exagerado, no necesitaba presentación.

Sin embargo, el secretario dijo mecánicamente:

– El Doctor Oreppi, presidente.

Salió de la oficina, con pasos cortos, casi sin levantar los pies del suelo, arrastrándolos sobre la gruesa alfombra. Un pensamiento de condena por el servilismo mostrado por aquella mujer temerosa pasó por la mente de Karen.

El hombre tenía los dedos fuertemente entrelazados. Parecía un inquisidor. Sin gestos ni palabras.

Karen sabía, y abusaba de ello, que su belleza, aunque le trajo muchos disgustos a lo largo de su vida, al menos funcionaba como un excelente "rompehielos masculino." Si bien siempre se mostró atractiva y dominante, allí encontró una oposición completamente inesperada.

El presidente, en actitud defensiva y muy educada, no mostró el más mínimo interés por ella. Acostumbrado a tratar con personas importantes, hombres y mujeres de diferentes partes del mundo, rara vez mostraba entusiasmo frente a las mujeres.

Mujeres hermosas, muy hermosas, siempre lo cortejaban, la mayoría sin éxito. Estaba saturado con el antiguo juego de coquetear, acercarse y conquistar. Porque si hace algún tiempo se trataba de una iniciativa masculina, últimamente se habían flexibilizado los dictados sociales y las mujeres habían pasado al "ataque."

Vittorio Grazziano Oreppi estaba acostumbrado a gestionar estos acontecimientos casi a diario. Su mirada no era ni fría ni caliente, era simplemente pétrea, mientras miraba fijamente a la gente sin pestañear durante mucho tiempo y, en general, sin hablar.

Ladina, Karen siempre se regocijaba ante la dilatación instantánea de los alumnos varones cuando, sensualmente, se acercaba a sus dueños.

Allí fue ella quien se interpuso en el camino. No fue fácil acercarse al presidente. El escritorio detrás del cual estaba Vito era de piedra, ovalada, con dibujos de figuras exóticas. Ese escritorio representaba en sí misma una barrera difícil de superar, por ser ancha y larga. Solo si el presidente quería a alguien recibiría su apretón de manos, lo que aparentemente le fue negado a nueve de cada diez visitantes. Y lo que es peor, casi todos fueron tratados con un tono gélido, sin recibir siquiera la amabilidad de una invitación a sentarse.

Por cierto, delante de la mesa solo había dos sillones, pero estaban muy separados, lo que suponía una dificultad considerable para los pocos visitantes que los utilizarían. Con el respaldo inclinado, las personas sentadas en él quedarían atrás y "hundidas."

Así, ya sea de pie o sentados, lejos del presidente, siempre fue difícil para todos dialogar con él. Rara vez alguien tenía el honor de usar un sillón y el presidente se levantaba, rodeaba la mesa y usaba el otro, creando un ambiente coloquial. Los asientos eran tan pesados que no era fácil moverlos.

Para todo flotaba en el aire una atmósfera de coerción que inhibía el exceso de palabras, los tonos elevados de voz, las gesticulación o las estancias prolongadas. El escritorio, como ser vivo y amenazador, parecía demostrar una gran superioridad sobre sus contrapartes, ya que nunca nadie había colocado papel ni escrito nada sobre él.

Todo esto había sido meticulosamente planeado por Vito, hecho que no contó con la simpatía de nadie, ni de sus padres, ni de su hermano y, especialmente, de los visitantes.

Karen, que había sido entrenada durante algún tiempo para impresionar a los hombres con su hermosa figura, se sentía débil.

El hombre no movió un solo músculo, ni siquiera los ojos. Nada, dijo. De hecho, no eran solo sus ojos los que eran pétreos, todo su cuerpo parecía estar hecho de piedra. Como el escritorio.

Después de unos segundos, Karen casi se rinde.

La invadió un terrible deseo de dar marcha atrás, de salir corriendo a la calle. Aunque el aire acondicionado estaba encendido, se sintió asfixiada y le causó un gran malestar. En un esfuerzo extra, nunca antes necesario, razonó que era urgente controlar su pánico, si quería conseguir algo.

Tratando de ser íntima, dijo:

– Mi nombre es Karen. Hace menos de una hora, yo no sabía nada de esta planta, ni de ti tampoco.

Esperó una palabra, que nunca llegó.

– Sé tu nombre – prosiguió –, tu edad, sé que estás casado y tienes tres hijos.

El hombre permaneció impasible.

– Sé el nombre de tu padre – prosiguió –, Guerino, tu madre, Lízziana, tu hermano, Gino.

Karen se sintió sola en esa enorme habitación. Incluso le parecía que hablaba a las almas. Casi se apoyó en el escritorio, para de alguna manera tener algún tipo de apoyo, que tanto necesitaba. Pero, cuando dio un pequeño paso para pararse junto, tuvo la clara impresión que al escritorio "no le agradaba." Retrocedió, sin siquiera avanzar.

Observó horrorizada que el escritorio realmente "tenía vida", porque de sus bordes, invisibles para los encarnados, goteaba una sustancia fluidica, oscura, maloliente, sumamente nociva.

Por mi mente pasó como un relámpago el recuerdo de las lecciones aprendidas en las clases de psicometría, relativas a la impregnación de fluidos en los objetos, a través de continuos pensamientos, buenos o malos, de quienes los utilizan. De hecho, ese escritorio había sido construido y utilizado desde que estuvo listo, para repeler a la gente. Ahora ya tenía "vida propia." Con o sin su dueño cerca, "atacaría" a cualquiera que se acercara a él.

Tanta angustia se había generado en torno a aquel mueble, con tanta gente siendo maltratada, que tales sentimientos tomaron forma, adhiriéndose a él con fluidez.

En ese momento consideré que mi apoyo sería aceptado y por ello puse mi mano en el hombro de Karen, al mismo tiempo que dirigía una oración intercesora por ella al Maestro Jesús.

Karen, incluso esta vez, rechazó la ayuda. Tomó la decisión final. En los siguientes segundos se arriesgaría a realizar un movimiento diferente, y si no funcionaba, se marcharía sin mirar atrás. "Dando vueltas", pensó.

– Necesito un trabajo – dijo tímidamente –. Quiero trabajar aquí en la oficina, preferiblemente contigo. No sé usar una computadora porque no tengo dinero para estudiar, pero aprenderé rápidamente. No estoy en la universidad porque no tengo los medios para realizar un examen de ingreso.

Terminó su breve *"curriculum vitae"* oral, en el que intentó sensibilizar a Grazziano, diciendo dos veces "que no tenía dinero para esto o aquello." Citó las computadoras porque consideró que en el mundo actual solo progresa quien sabe manejarlas.

Se calmó por un momento, segura que había dado en el blanco.

Pero el hombre permaneció más frío que antes, como si eso fuera posible.

Karen abusó y actuó como si fuera a sentarse.

Al interceptar el gesto, el hombre, por primera vez, se movió, presionó un botón del intercomunicador y determinó:

– Doña Rita, por favor retire a la visitante.

La secretaria, un poco asustada, entró, no sin antes pedir permiso. De pie, mirando a su jefe, que ni siquiera miraba a Karen, escuchó de él:

– Sigue a esta persona hasta la calle.

Las dos jóvenes se miraron sorprendidas. Karen no podía creer lo que estaba pasando. Estaba tan avergonzada que casi perdió el control y lloró. Rita, por su parte, nunca había recibido un pedido similar. Se imaginaba encontrarse ante un malhechor, un ladrón o..., una amante incómoda, que había venido a hacerle exigencias y, por tanto, había sido ahuyentada.

Pero esa hermosa chica, por sus actitudes, que había observado, no se parecía en nada a eso, simplemente parecía uno más de los cientos de candidatos a un puesto de trabajo en esa gran empresa. Lo único que tuvo que hacer fue cumplir la orden, con lo que Karen colaboró espontáneamente, saliendo, sin inmutarse, sin decir una palabra, humillada, generando odio.

Antes de cruzar la puerta de salida, una imagen terrible se formó en su mente: Oreppi, transformado en estatua, hecha de la misma piedra de la mesa, implosionando tanto él como el mueble, convirtiéndose en polvo, en unos segundos.

Sin darse cuenta de la causa, antes que la chica se fuera, Vito Grazziano sintió de repente una terrible sensación de malestar. Pronto le sobrevino diarrea, seguida de un insoportable ataque de migraña.

Fue inevitable que dejara el trabajo y regresara a su casa, donde se encerró en un cuarto oscuro, luego de ingerir una gran cantidad de pastillas analgésicas. El dolor de cabeza no desaparecía y encima se emborrachó.

Sintiendo lástima por ambos, reflexioné sobre lo peligroso y desaconsejable que es que las criaturas lleven sus almas a aventuras. La belleza, por un lado, tratando de imponerse al poder mediante la seducción, y éste rechazando tales ataques, bajo la protección del imperio de la riqueza, forman un duelo de fuerzas peligrosas.

Y una aventura cuyo desenlace no siempre es feliz, generalmente provoca tormentas duraderas en la vida de los protagonistas.

Estos duelistas olvidan que con los sentimientos no se juega.

Los sentimientos viven en el alma...

"ÁNGELES DE LA GUARDA"

Primero que nada, debo pedir disculpas a los lectores por no haberme presentado todavía, soy un espíritu deudor, que aceptó con gusto el papel de ser guardián de Karen, en este viaje terrenal suyo.

Conozco a Karen desde hace mucho tiempo. Ella también me conoce. Nuestras conexiones trascienden el calendario, ahondando en el pasado, impidiéndonos incluso a nosotros dos identificar su comienzo.

Mi misión es básicamente darte sugerencias sobre cómo proceder mejor, basadas en las enseñanzas de Jesús.

Cabe señalar, disculpándome también por la demora en hacerlo, que no tengo nada para ser "ángel", más que el nombre funcional y cómo se llama popularmente a los espíritus protectores. Mis colegas y yo aceptamos esta inmerecida distinción, porque así nos tratan afectuosamente los encarnados.

He aquí el lema del "Ángel de la Guarda", basado en las enseñanzas de nuestro Maestro Jesús: "Para los demás, lo mismo que para mí. ¡Y mucha paciencia!"

Estuve presente en varias reuniones en las que se detallaron los principales acontecimientos de la vida de la mujer que se llamaría Karen, cuando reencarnara.

Los espíritus que se agruparían en el viaje terrenal estaban en una habitación, sostenidos por los asistentes de los instructores, y nosotros, sus futuros "ángeles de la guarda", estábamos en otra habitación, contigua, pero sin ser vistos.

Esto se debió a la medida cautelar adoptada por los instructores, impidiendo a los protegidos identificar a sus futuros protectores, muchos de los cuales eran sus grandes deudores de un pasado lejano.

Conocía a uno de los instructores, llamado Florêncio, y temporalmente me impidieron recordar plenamente mis conexiones con él.

Después de haber estado desencarnada durante treinta y siete años, era hora que Karen regresara a su cuerpo físico para aprender cosas nuevas. Allí a todos, asistentes y convocados, nos unían lazos del pasado, negativos en algunos casos.

Karen, en su vida anterior, había cambiado su hogar por los placeres mundanos. Trastornando a su familia, hizo infeliz a su marido al serle infiel y negar el afecto maternal a sus cinco hijos. Entregándose a orgías, trajo a su compañía espíritus inadaptados que se unieron a ella como poderosos parásitos sexuales.

Perdió la piel tempranamente, sufriendo una enfermedad que ella misma provocó, consecuencia de su desprecio por las visiones del plano superior. Su comportamiento libertino, que culminó con una desencarnación prematura, fue considerado un suicidio indirecto. Por lo tanto, tuvo que purgarse en las sombras umbrales durante alrededor de veintisiete dolorosos años, hasta que se agotó la carga vital que aun permanecía fuerte en sus rincones periespirituales. Éste sería el período restante de la vida, previsto para el entonces viaje terrenal.

Durante otros diez años permaneció en la espiritualidad, reconstruyéndose y siendo instruida sobre la necesidad de una reconstrucción moral, tanto la suya como la de aquellos a quienes había extraviado.

Renacer con la belleza como compañía fue una dura prueba que se le impuso, siendo advertida, una y otra vez, que debía superar sus impulsos para usarla en su propio beneficio.

LIBRE ALBEDRÍO

Karen no prestó atención al periódico cuando buscaba trabajo, ya que contenía una oferta para ayudar a la trabajadora social de la Planta Santa Quiropita. Pero, en cualquier caso, fue fácil para mí acercarme a ella y sugerirle que buscara trabajo en la planta.

De ninguna manera podía predecir su comportamiento, porque, ante el lujo de las instalaciones de la sede de la planta, su espíritu instantáneamente asumió la postura de la grandeza pasada.

De hecho, al entrar al edificio había algunos espíritus ahí afuera, ávidos de poder, odiando a todos los Oreppis, ¡y a ella, especialmente! Estos espíritus, al ver a Karen, inmediatamente capturaron su "astral", viendo su aura. Tres de ellos la identificaron, la madre indiferente de otra vida, que los había despreciado. El infeliz grupo se acercó a ella y la envolvió en pensamientos de lujuria, induciéndola al procedimiento que culminó con su literal expulsión, por parte de Vito Grazziano.

Me quedé a distancia, en oración, deseando que aquellos espíritus implantaran la fraternidad en sus corazones. Desafortunadamente, ignoraron mis oraciones y se burlaron de mí de manera indescriptible.

Hipnotizada por los malhechores de la espiritualidad sufriente, impidió cualquier ayuda. No importa cuánto lo intenté, no pude romper el hilo mental que la unía a ellos. Nunca como en ese momento entendí lo que significa el libre albedrío y la responsabilidad.

En el momento en que Karen salía de la habitación de Grazziano, comprendiendo la terrible plaga que pesaba sobre él, redoblé mis energías para evitar que la condición empeorara.

Desgraciadamente, el presidente de la fábrica también tenía la mente llena de pensamientos oscuros.

Estaba a punto de cerrar un importante acuerdo de exportación de azúcar y, por lo tanto, había planeado ganar para sí parte de las grandes ganancias derivadas de la transacción. De acuerdo con los intermediarios de ventas internacionales, se había acordado que recibiría su "comisión" tan pronto como se cargara la carga y zarpara el barco. En otro país, considerado "paraíso fiscal", se realizaría un depósito bancario en una cuenta reservada a su favor. Con este dinero, del que no tendría que rendir cuentas a nadie, podría satisfacer los elevados compromisos económicos de una doble vida conyugal que mantenía en secreto desde hacía algún tiempo, pero que ahora se había vuelto más complicada.

Su amante, con quien tuvo dos hijos, los tres viviendo a sus expensas, había contraído una enfermedad infecciosa y el tratamiento hospitalario, extremadamente costoso, fue inútil. Al principio, neumonía. Luego, resurgimiento, tuberculosis.

Cuando Karen formuló mentalmente la terrible imagen de Vito implosionando, no sabía que contaba con la ayuda eficiente de la oscuridad, los espíritus que la rodeaban desde que entró en ese edificio. Pero para empeorar aun más la situación, otras entidades desencarnadas entraron en la habitación y se pararon junto al hombre, dándole ideas terribles y crueles.

Es imprescindible recordar el consejo del Maestro Nazareno, cuando recomendaba la oración y vigilancia permanente. Actitud en la que, lamentablemente, solo estuve involucrado yo.

Ataque y contraataque simultáneos, un tosco ariete fluidico se formó en el aire, partiendo de Karen, dirigiéndose en una trayectoria fulminante y precisa hacia la cabeza del hombre. Agravando el poder destructivo del ariete, milésimas de segundo antes de alcanzar al objetivo, una porción considerable de la sustancia pegajosa que goteaba del gran escritorio se pegó a él.

Perplejo, casi sin poder creer lo que estaba viendo, me di cuenta que Vito recibió el petardo, de lleno en la cabeza, que literalmente "entró" en ella, desapareciendo de mi vista. Todo porque estaba moralmente desprotegido, con sus reservas espirituales anuladas, sin ofrecer el más mínimo obstáculo al mal, allí representado por ese proyectil etérico. Su cabeza, de hecho, albergaba un verdadero brasero, debido al torbellino de sus pensamientos, estrictamente de orden inferior, todos ellos.

Cuando Karen giró para irse, imaginó que sería bueno que esa chica petulante muriera, aunque nunca la había visto, le desagradó apenas la vio. De su frente salieron invisibles dardos incandescentes que impactaron a Karen, haciéndola imaginarse con fuego en la espalda, tal era el calor que la asaltaba. Incluso aquí, extrañamente, los dardos estaban cubiertos de la sustancia fluídica que había sobre el escritorio.

Media hora más tarde, Karen estaba en cama, repentinamente enferma, se "sentía en llamas", como le dijo a su angustiada madre. Y Vito Grazziano, también en cama en su casa, agonizaba a causa del peor ataque de migraña de su vida.

Al día siguiente, Karen, que apenas había dormido tras haber tenido algunas pesadillas, estaba debilitada. Su madre, ferviente espírita, llamó a una amiga, una médium, para ayudar a su hija, que creía estaba atacada por malos espíritus, según premoniciones que no eran del todo falsas.

Las dos mujeres leyeron el texto "Los Tormentos Voluntarios", del capítulo 5 – Bienaventurados los Afligidos –, de *El Evangelio según el Espiritismo*, de Allan Kardec, refiriéndose a la causa de los tormentos que nos afligen, causas que a veces provienen de otras causas, pero no siempre.

Sensibilizada por la enfermedad, Karen fijó en su mente que su enfermedad provenía del mal comportamiento. Ella pensó:

– "Qué estúpida soy, qué estúpida fui, nunca debí ir a la planta y actuar así, parece que no era yo quien hablaba."

Recibió el pase espírita y poco después se quedó dormida. Soñaba con el marido al que había traicionado, con cinco hijos a los que había abandonado y también con el doctor Oreppi.

Cuando despertó solo recordaba que había soñado con el presidente de la planta, a quien conocía desde hacía mucho tiempo, con fuertes lazos de enemistad entre ellos. En el sueño, estaba muy enfermo en cama y no le quedaba mucho tiempo de vida.

Aunque había sido humillada sin medida por ese hombre, sentía algo inexplicable por él, no atracción, sino, más fundamentalmente, preocupación por su bienestar. Ella atribuyó este sentimiento a la debilidad que le había causado, como consecuencia de una mala noche de sueño.

Como reflejo de la educación religiosa que había recibido, pudo orar, pidiendo a Dios que le diera fuerzas para seguir buscando trabajo. Finalizó la oración pidiéndole también por el presidente de la Fábrica Santa Quiropita que perdiera todo ese orgullo y tratase mejor a la gente.

Durante los dos días siguientes, sintiéndose mejor, continuó buscando trabajo, sin conseguir nada.

La migraña que le estalló a Vito solo podría aliviarse o curarse si sintonizaba con el bien. Pero sucedió exactamente lo contrario. Al caer enfermo, maldijo a Karen, quien le había provocado el dolor de cabeza, impidiéndole hacer los últimos preparativos para recibir su "encargo", que así volvió a la planta. Vito llevaba tres días internado en el hospital, enfermo. Como el dolor de cabeza no desaparecía, sino que por el contrario iba aumentando, además que la diarrea no se detenía, y aun sangraba, Vito fue internado en un hospital.

El hombre de negocios tan imponente, tan rico, estaba ahora reducido a un harapo. En su cara, manchas oscuras...

Karen, tras el cuarto día del fallido atentado en la planta de Santa Quiropita, compró el periódico, para ver si esta vez tenía mejor suerte en la búsqueda de empleo.

Aun en la primera página, con cierto énfasis, decía:

"El presidente de la planta intenta suicidarse."

Estaba asustada. Premonitoriamente pensó en Vito.

De hecho, era él. Se había pegado un tiro en la cabeza y su desesperación se atribuía a un dolor de cabeza que empeoraba cada vez más. Estaba entre la vida y la muerte, siendo remotas las posibilidades de supervivencia.

Karen regresó a casa muy asustada. Cuando llegó, se sorprendió de nuevo, ya que un coche de policía estaba aparcado delante de él. Preocupada y con gran malestar moral, entró rápidamente en la casa.

En el pequeño salón había dos señores, de traje y corbata, hablando con su madre, que parecía muy angustiada, pálida y temblorosa. Respondió a las preguntas de los hombres balbuceando de forma casi ininteligible. Los hombres se levantaron en la entrada de Karen. No era necesario que se presentara.

– ¿Karen?

– Sí.

– Nos gustaría saber de usted, en las investigaciones iniciales, sobre el "problema" del Doctor Oreppi.

Aquí se repetía lo que Karen conocía mejor: dominaban los ambientes abiertamente favorables al sexo masculino. Si la policía había ido a su casa, hablando del presidente de la planta que había intentado suicidarse, según el periódico, ¿por qué no aprovecharlo?

Pensó rápidamente. Con estudiada calma, devolvió el "nos gustaría":

– A mamá y a mí nos gustaría saber primero quién eres y qué documentos te autorizan a estar en nuestra casa.

Sin avergonzarse, el policía que le había hablado corrigió su pequeño desliz, respondiendo:

– Soy el Doctor José dos Santos, Jefe de Policía, Sector de Delitos Contra las Personas. Mi acompañante, Ambrósio da Mota, es investigador y trabaja en mi departamento.

Mostró su identidad, con la placa metálica. Luego, retomó el control del cuestionario:

– ¿Desde cuándo conoce al Doctor Oreppi?

– Hace mucho tiempo – mintió Karen.

De hecho, Karen no estaba mintiendo. Vittorio Grazziano formó parte verdaderamente de su pasado, de su presente y, sin duda, de su futuro.

Pero, como en cosas morales lo que cuenta es la intención, aquí la joven sumó unos gramos más de deuda al peso de dificultades que tendría que cargar en su trayectoria futura.

– Por favor, señorita, ¿cuánto tiempo ha pasado exactamente?

– No sé.

– ¿Cómo no sabe? – Insistió el policía.

Ante esta primera pregunta, la autoridad se enojó y decidió ser más incisiva:

– Estábamos en la sede de la planta y vimos su nombre como la última persona con la que habló el Doctor Oreppi antes... de enfermarse; es decir, antes de tener un accidente.

– Antes que intente suicidarse, ¿verdad doctor? – Dijo Karen, dejando confundido al cauteloso interlocutor.

– Eso dice la prensa. ¿Puedes decirnos por qué habría hecho eso?

– Eso es solo entre él y yo – mintió nuevamente.

Experimentado, el jefe de policía se dio cuenta que no conseguiría nada más de aquella joven, de hecho, no había conseguido nada. Como había sospechado, el asunto era íntimo y probablemente involucraba una relación apasionada entre el dueño del ingenio y la chica. Además, ¿cómo sería posible incluso si el Dr. Oreppi, un notorio aventurero extramatrimonial, no sucumbiera a esa belleza? Eso es lo que pensaron los dos hombres.

Karen se levantó, fue hacia la puerta, la abrió lentamente y dijo por derecho propio:

– Mucho gusto. Que la pasen bien.

Sintiéndose ahuyentada, la policía se retiró. En sus notas, el jefe policial constató que la joven, probablemente amante del "herido", lo privó de su intimidad. Por ahora no se le puede atribuir ninguna culpa, como se refleja en la seguridad de las respuestas obtenidas, aunque de forma evasiva.

En cuanto a Karen, en cuanto la policía salió de su casa, ideó un plan peligroso, pero que, de tener éxito, haría definitiva su independencia. Haciendo caso omiso a todos mis consejos, de abandonar tan escabroso plan con personas que sufren, Karen una vez más se involucró con espíritus oscuros. Sus pensamientos negativos actuaron como un poderoso imán, atrayendo al grupo espiritual que la rodeaba.

Como mi papel requiere tres virtudes fundamentales: paciencia, tolerancia y perseverancia, no la abandoné.

Dejarla ni siquiera se me pasó por la cabeza.

Después del almuerzo, Karen regresó a la ciudad, compró otros tres periódicos y leyó la noticia sobre el intento de suicidio. Se le puso la piel de gallina cuando leyó en uno de los periódicos, en un pequeño fragmento, que la policía había descubierto que una joven muy hermosa había sido la última persona que habló con el Dr. Oreppi, antes de ser ingresado en el hospital, donde había intentado suicidarse.

– "Soy de quien habla el periódico", pensó.

También se supo por los diarios que Gino, el hermano menor, había asumido temporalmente la presidencia de la planta.

Esta era su oportunidad. Decidió, escandalosamente, regresar a la planta.

EL AMOR Y LAS MARGARITAS

Mis preocupaciones se redoblaron cuando Karen regresó a la planta, al vislumbrar sus siniestros planes, para disfrutar de importantes beneficios materiales, aprovechando la tragedia que había caído sobre los Oreppis.

Al darme cuenta de su propósito, traté desesperadamente de disuadirla de continuar, pero ¿quién dijo que me escuchaban?

El maquiavelismo de sus planes construyó a su alrededor un muro de cinco metros de altura, haciendo inexpugnable el acceso a su alma. Sin embargo, y fue entonces cuando casi pierdo el control, tal fue mi asombro, que otros desafortunados compañeros espirituales fueron aceptados con franqueza dentro de esa fortaleza mental que era ella. Solo mirar a las entidades me hizo sentir pena por Karen, eran espíritus obsesionados con la mezquindad y la promiscuidad, pero perfectamente en sintonía con sus pensamientos. Los que habían sido sus hijos ya ni siquiera recordaban que un día ella les había dado cobijo en su nido de madre. Formando un grupo siniestro, Karen estaba rodeada de estos malhechores espirituales, impidiendo cualquier acercamiento beneficioso.

Deduje, sin mucho esfuerzo, que la familia Oreppi tenía decenas de enemigos desencarnados, ya que los recién ingresados se llevaban muy bien con quienes habían "aconsejado" a Karen, durante su desafortunado encuentro con Vittorio Grazziano. La joven, imprudente y ávida de bienes materiales, no se dio cuenta que estaba cayendo en manos hábiles de mentes crueles, sedientas de venganza.

- ¡Dios mío! - dije entonces, en oración -. Pido caridad y ayuda urgente, para que nuestra hermana Karen no sucumba una vez más al mal.

Esperé y pronto me encontré en compañía de dos amigos espirituales, uno, ya conocido, de pequeña estatura, mirada y gestos muy tranquilos, que me saludaron fraternalmente:

- Alabado sea Dios. como podemos ayudarte? - Así me saludó Florêncio.

El otro amigo, al que vi por primera vez, simplemente tenía un tamaño que "no existe", era tan grande. Pero, a pesar de sus casi dos metros y medio, sí existía. Estaba un paso detrás de Florêncio. Observé, sin miedo, pero con gran respeto, que sus ojos eran límpidos, claros, enérgicos, sin mostrar por ello dureza. Su estatura era suficiente para asustar a cualquiera, yo también estaba asustado, porque todo en él reflejaba una fuerza bruta y colosal.

- ¡Alabado sea nuestro Padre! - Respondí mirándolos alegremente -. Nuestra hermana está confinada en esa fortaleza de fluidos negativos, siendo aconsejada por hermanos infelices, todos inclinados al mal. Si Dios lo permite, quisiera que se le impidiera continuar con esta infelicidad, porque, como sabes, soy responsable de su progreso espiritual.

Karen, de hecho, se encontró rodeada de espesas nubes oscuras, de las que emergieron figuras siniestras que revelaban rostros hoscos y perturbados. Tales figuras, sintonizadas con una banda vibrante eran extremadamente inferiores, no notaron nuestra presencia.

- Letes es mi asistente - dijo Florêncio, después de reflexionar por algunos momentos -. Creo que deberíamos proporcionarle a Karen un tratamiento de shock, al menos para detener su desafortunado procedimiento.

Mi alegría por el apoyo servicial del hermano Florêncio, "reforzado" por Letes, que acababa de ser presentado y sobre quien me gustaría tener más información, fue ineludible. Yo consideré; sin embargo, el momento no era de preguntas sino de acción, por eso me sorprendió cuando Florêncio recomendó oración e inmovilidad.

No entendí, pero no cuestioné la actitud de aquel hombre que, con su gran amigo, vino como mensajero de Jesús, respondiendo a mi oración en la que pedí ayuda. Solo confié.

Karen entró al edificio, con su triste compañía. Ya en la cola del ascensor, notó que la gente la miraba, asombrada, asustada o curiosa.

El mismo ascensorista abrió mucho los ojos:

– ¿Cómo estás?

– Bien gracias.

– ¿Qué piso?

– Adivina...

– Octavo.

Karen se limitó a sonreír, confirmando.

Antes que llegara Karen, los tres ya la estábamos esperando. La misma recepcionista también la atendió.

– Quiero hablar con Gino – le dijo Karen.

La recepcionista al recordar a Karen pensó:

– "Tanta intimidad demuestra que esta chica realmente tuvo y todavía tiene algo muy misterioso con los Oreppis."

– Tu nombre es Karen, ¿no?

– Así es.

– ¿Puedo saber cuál es el tema?

– No.

La recepcionista frunció el ceño, llena de gran malestar y disgusto por la joven que tenía delante. También pensó:

– "Es hermosa, misteriosa y maleducada, pero en apenas unos minutos ha perdido el control del Doctor Oreppi, algo me dice que está de humor para más problemas."

– Espere un momento, por favor – dijo simplemente la recepcionista.

Fue a la oficina de la secretaria presidencial, Rita, y pronto regresó.

– Puede entrar. El doctor Gino la atenderá.

Entramos juntos, Karen, "sus asesores" y nosotros tres. Rita simplemente abrió la puerta y la cerró después que entró la visitante.

La postura de Karen era diferente ahora, completamente diferente a la de hace menos de cien horas, cuando prácticamente la habían echado. Imponente, llegó a aquel escritorio "comprobable", donde un joven muy amable, a su juicio, la esperaba, de pie, no en el suntuoso sillón del medio, sino, más bien, en el rincón más cercano a quien entraba.

El hombre, que estaba leyendo un libro, la miró mostrando curiosidad, interrogación e infelicidad al mismo tiempo. Dejando el libro sobre la mesa, abierto por la página que estaba leyendo, dijo suavemente:

– Buenas tardes, Karen. ¿Como puedo servirte?

– "Bueno – pensó Karen –, ahora este es el que primero abre la boca, dice mi nombre, además de recibirme de pie, no como ese estúpido hermano."

– No sé si puedas ayudarme en algo, pero estaba de paso y pensé en ayudar a tu familia.

Gino sintió un escalofrío recorrer su espalda, lo que le indicaba que algo andaba mal con esa chica, pero, al mismo tiempo, intuía que ella tenía algo que ver con la tragedia que estaba viviendo la familia.

– ¿Cómo así? – Respondió.

Karen, con la mayor calma, comenzó en ese preciso momento a desarrollar su trama.

– Estuve con tu hermano, creo que fui la última persona que habló con él y pensé que te gustaría saber de qué hablamos.

Angustiado, Gino la invitó a sentarse en uno de los sillones inclinados. Después que Karen se sentara, él se sentó a su lado, estableciendo el contacto con más cercanía y comodidad, pues la disposición de los asientos había cambiado, quedando ahora casi juntos.

– ¿De qué hablaban? – Preguntó Gino.

Esa era la oportunidad que Karen había estado esperando.

En ese preciso momento, para mi sorpresa, vi algo que nunca antes había visto. Florêncio, hasta entonces inmóvil, simplemente observando la escena, levantó las manos con los ojos cerrados en actitud de oración.

Sin decir una palabra, poco a poco se fue iluminando, "de adentro hacia afuera."

Letes bajó la cabeza y juntó las manos, también en oración. El momento fue de expresión sublime. Viniendo de arriba, un pequeño foco de luz aumentó en intensidad y pronto me pareció que un faro estaba sobre todos nosotros. Mis compañeros y yo nos llenamos de paz y fe.

En trance por todo eso, me reproché el solo hecho de contemplar toda esa maravillosa bendición que fluía sobre el ambiente. Penetrando en mí mismo, elevé también mi pensamiento a Jesús.

Florêncio tocó ligeramente el hombro de Letes y permaneció así por unos momentos. Al toque de Florêncio, el gigante también comenzó a iluminarse, igualmente "de adentro hacia afuera."

Luego de fracciones de segundos, sin decir nada, Letes caminó hacia el cinturón de fuerza negativa en el que estaban encerrados Karen y sus compañeros, y entró en él pulverizando las espesas nubes, dejando expuesto al infeliz grupo.

Ningún ruido. Sin violencia. Los amigos de Karen no soportaron enfrentar la luminosidad de Letes, seguida ahora por Florêncio. Mareados, salieron tambaleándose de la habitación. Florêncio puso su mano sobre la cabeza de Karen y ella mostró un repentino malestar.

En ese momento comprendí, sin decir palabras por ser absolutamente innecesarias, que se estaba brindando una ayuda sublime al hacer sentir mal a la joven, se vería obstaculizada en sus objetivos.

Gino, fraternal y educado, apoyó a la chica. Cuando se dio cuenta que ella podría desmayarse, la sostuvo con su cuerpo evitando que cayera.

En ese momento, solo nosotros tres pudimos presenciar algo inimaginable para los encarnados, cuando Regino Grazziello apoyó a Karen, sus cuerpos se unieron naturalmente y a su alrededor varias luces se encendieron y brillaron, como en un gran "mini- show" pirotécnico, solo fluido, invisible para ambos.

La intensidad de la descarga eléctrica que atravesó a los dos jóvenes fue tan grande que perdieron la capacidad de hablar.

Se limitaron a mirarse, con los ojos muy cerrados.

Un poco perturbado por la dulce sensación que lo rodeaba, aunque contradictoriamente su cerebro estaba en malestar.

En presencia de un conocido de su hermano, Gino se limitó a mirarla, fascinado.

Florêncio los liberó de este impasse quien, quitando la mano de la cabeza de Karen, nos sugirió a Letes y a mí que nos alejáramos, añadiendo en el lenguaje del pensamiento:

– El encuentro entre ambos se formalizó, no de la mejor manera, pero siempre fue formalizado. ¡Dios nos apoyó, como siempre, y por eso le damos gracias! Dejemos ahora que la vida siga su curso.

Antes de partir, nos quedamos allí unos instantes, emitiendo vibraciones pacíficas al medio ambiente.

Noté, era imposible disimular mi asombro, que el escritorio ya no contenía esa repugnante sustancia viscosa, sino que, por el contrario, se había transformado en un verdadero parterre espiritual, donde, casi de repente, hermosas margaritas comenzaban a aparecer aquí y allá. Centrándome en esta increíble y maravillosa transformación ambiental, llegué a la causa, el libro, abierto sobre la mesa, y que Gino había estado leyendo hasta hace poco, era *El Evangelio según el Espiritismo*.

La lección, en el capítulo 19: "La Fe, Madre de la Esperanza y de la Caridad."

– ¿Qué estás sintiendo? – Preguntó Gino a la joven.

– Nada, nada.

Karen no podía confesar que estaba sintiendo algo que nunca antes había sentido. Inexplicable, pero muy fuerte, agradable.

– "Nada, nada", repitió.

– ¿Puedo traerte un vaso de agua?

– Sí, por favor.

Gino abrió el pequeño refrigerador al lado de su escritorio y le ofreció un vaso de agua que, después de sorber, restableció parcialmente a Karen. Sintiéndose mejor y sin entender lo que estaba pasando, avergonzada, decidió dejar su plan para otro momento.

– Lo siento, señor – dijo, haciendo ademán de levantarse –, pero no me siento bien. Volveré otro día para hablar.

La presencia de la chica allí tenía para Grazziello una connotación expresiva, ya que de alguna manera el destino de su hermano estaba vinculado a ella, un "destino trágico." Repasando sus ideas, pensó:

– "¿Qué conexiones pueden ser éstas? ¿Qué pasó o pasa entre Vito y esta chica? ¡Santo Dios! Debe ser algo muy fuerte, porque pocas horas después de dejarla cayó enfermo. ¿Fue por alguna noticia seria? ¿Y por qué intentó suicidarse? ¿Qué pudo haber llevado a mi pobre hermano a este gesto tan loco? Y ahora, solo decir su nombre la hacía sentir mal."

Karen captó la angustia del ejecutivo "agradablemente perturbador" frente a ella, tan diferente de su hermano.

- Nos volveremos a ver - prometió emocionada -, si Dios quiere. No te preocupes por Vito, y cuenta conmigo en todo lo que puedas hacer por él.

Aunque era generosa, seguía siendo astuta.

Gino seguía pensando:

- "Qué hermosa es esta mujer, no me sorprende que Vito se haya encariñado con ella y, por alguna razón, haya perdido la cabeza; ¿será este malestar repentino un embarazo? ¡¿Vito?!"

Pensó en su cuñada y sus hijos:

- "Marlene y mis sobrinos deben estar sufriendo mucho, ¿sabe ella de la infidelidad de Vito con Karen?"

Todos estos pensamientos fueron formulados en segundos. Ciertamente ninguno. Preguntas, todas. Al ver a la muchacha levantarse, Gino tuvo un impulso:

- No te vayas, por favor - dijo colocándose frente a ella y colocando sus manos sobre sus hombros.

De repente, sintió una sensación de pérdida.

¡De Karen!

Pensó:

- "¡La conozco desde hace menos de diez minutos y ya tengo miedo de perderla! ¿Cómo es posible?"

Karen, ligeramente aturdida por el malestar que aun no había desaparecido del todo, pero también por las fuertes emociones que envolvían su corazón femenino, por lo tanto soñador, escuchó el influjo de la voz de Gino. Mirándolo de frente, vio dos pupilas dilatadas, revelando sentimientos intensos en el dueño de los ojos. Pero esta vez toda la atmósfera era diferente, sin infundir lujuria en el ambiente.

De repente pensó:

– "¿Mis pupilas también están dilatadas?"

Era urgente saber la respuesta.

Electrizados, se miraron profundamente, eternizando el momento.

Fue tan mágico que ambos lo estaban experimentando por primera vez.

Pero ella no pudo quedarse y, acompañada caballerosamente por Gino, se fue. Al entrar al ascensor, donde había un pequeño espejo que le facilitaba al ascensorista saber si alguien vendría a utilizarlo, se miró en él. Sí... las pupilas estaban... Sin entender lo que estaba pasando, Karen regresó a su casa. Leyó y releyó decenas de veces, en varios periódicos, la noticia del intento de suicidio de Vito. Es inevitable reflexionar que había estado dos veces en la sede de la planta y las dos veces había salido sin conseguir lo que quería. Y lo que es peor, en ambas visitas se sintió mal.

– "Es la segunda vez que me siento mal allí. ¿Hay algo malo en esa planta?"

Ante este pensamiento, y porque todavía estaba un poco conmocionada por su encuentro con Gino, cuya figura nunca abandonaba su mente, tuvo un momento de inspiración y oró.

Recordó las lecciones que recibió de niña, en los cursos de evangelización infantil, impartidos en el Centro Espírita al que asistía su madre. Había aprendido que todos tenemos un espíritu protector, los llamados "ángeles de la guarda", que pueden haber sido espíritus familiares o simplemente espíritus amigos. Luego le pidió a su ángel de la guarda, en este caso yo, que no la abandonara en medio de tanto sufrimiento, le preguntó, en oración:

– "Mi 'ángel' bueno, ¿por qué me abandonaste? Entonces, ¿no puedes? ¿Ves que necesito ayuda urgente? ¿Un trabajo? ¿Por qué estás enojado conmigo? Sí, porque solo tu enojo puede justificar la gran impotencia que siento por tu parte, dos veces te necesité y fui abandonada.

Escuché en silencio la oración. A la suya, una de mis oraciones. Recé a Cristo para que no nos dejara sucumbir a las dificultades.

Karen se sintió mejor. Y yo también. Intenté convencerla que abandonara sus planes para los Oreppis. Le di ideas de confianza en los planes divinos, de esperanza en días de prosperidad espiritual, cuando, por voluntad del Padre, ella sería verdaderamente incorporada al contexto familiar de esa familia. Se esperaba que esto sucediera. Conocía el programa establecido para Karen, para su actual etapa de reencarnación, y, por tanto, fue con tristeza incontenible que me di cuenta de la no aceptación de mis sugerencias.

Karen, sintiéndose mejor, tenía la mente mareada nuevamente, repasando ideas, buscando una solución a sus expectativas. No iba a darse por vencida ahora que había conocido al otro hermano Oreppi, sobre todo porque él también se había involucrado con ella, aunque solo fuera superficialmente.

– "Por ahora", pensó, porque algo, en su alma femenina, le anunciaba que tal vez, entre ella y Gino, pasaría lo que pensaba decir entre ella y Vito.

Ansiaba poder, fortuna, lujo, que solo conseguiría con los Oreppis. Fijó sus pensamientos en esto de tal manera que comenzó a tener visiones: se veía cortejada por muchos, en una posición social alta, muy rica. En su infeliz ensoñación, no se dio cuenta que una vez más estaba abriendo las puertas de su corazón al mal. Y el mal, como el bien, no se hace esperar.

Basta la más mínima invocación para que invariablemente se presenten.

Es inexorable. Así es la ley de la atracción.

A través de la parábola del "hijo pródigo", Jesús describió, para siempre, las consecuencias de las elecciones humanas respecto de su propio destino. El significado de esta parábola es de tan sublime que es aplicable y puede dirigirse a lo macro y micro: persona, familia, grupo, sociedad, nación o incluso a toda la Humanidad. De hecho, la Tierra ha venido demostrando su marco en este último discurso de la parábola.

Así fue como Karen, aunque hace un momento solo estaba conmigo, aunque pensó que la había abandonado, a través de sus desvaríos de grandeza iba atrayendo a una, dos, tres, varias entidades desorganizadas. Todas, invariablemente, sintonizados con su pantalla mental.

Una vez más fui empujado, teniendo que mantenerme a pequeña distancia, con mucho esfuerzo, pues los compañeros de Karen que ya conocía me identificaron y pronto comenzaron a insultarme.

Ya había visto en otras ocasiones lamentables simbiosis espirituales entre encarnados y desencarnados, pero aun así, cuando vi a aquella hermosa joven siendo atrapada por criaturas desaliñadas, no hubo forma de evitar un casi espasmo que me golpeó. No me desanimé ni sería justo hacerlo. Perdería mucho más que Karen, porque el Altísimo confió en mí y no sería yo, con mi debilidad o posible abandono, el "eslabón roto" para interrumpir las acciones en esa cadena de personas y destinos.

La oración, una vez más, me ayudó. Tan pronto como fijé mis pensamientos en la dulce figura de Jesús en oración en el Huerto de los Olivos, según una imagen terrenal inspirada, me sentí fortalecido, lleno de paz y de energía para no desanimarme.

Karen ideó un nuevo plan, ayudada por aquellas mentes ávidas de venganza. Estaba obsesivamente fijada en el traicionero resplandor de los honores y placeres terrenales otorgados a los ricos, casi siempre de manera hipócrita. Quería ardientemente ser rica. De repente, un recuerdo muy importante resonó en su cerebro: tenía una amiga, Matilde, que era auxiliar de enfermería en el hospital donde estaba internado Vittorio Grazziano Oreppi. Ella no era realmente una "gran amiga", sino una conocida. Eran vecinas desde hacía dos o tres años y Matilde se había mudado recientemente. Eufórica, se levantó y se dirigió sin demora a aquel hospital. Buscó a Matilde y pronto vio a su exvecina, quien la recibió felizmente.

Después de decir banalidades, Karen tanteó el caso Oreppi:

– Matilde, tengo un secreto muy serio que decirte, pero no puede ser aquí. Me gustaría almorzar contigo hoy, en un restaurante.

Conociendo a Karen, pero sin saber su intención de curarla, Matilde no "activó" inmediatamente sus defensas, pero tampoco se dejó influenciar.

En menos de un segundo razonó:

– "Karen me está buscando, dice que tiene algo serio que decirme; no debería tratarse de la enfermedad de un familiar, de lo contrario ella no necesitaría todo este secreto, así que debe ser algo sobre ella misma, pero ¿sería una enfermedad? No, no puede ser una enfermedad, ya que se ve muy bien, ¿qué podría ser? ¿Se trata de un aborto?

Pensó en esta última hipótesis cuando recordó que rara vez salían juntas, iban al cine y a bailar.

– "Pobre Karen – pensó –, va a perder el tiempo, ya que yo nunca participaré en un crimen tan monstruoso."

Sin embargo, reflexionó:

– "Aceptaré su invitación, porque, si importa si está pensando en abortar, tal vez pueda disuadirla de tan cruel decisión, mostrándole que la vida viene de Dios, quién sabe, tal vez pueda hacerla aceptar este regalo sublime que se le da a una mujer para dar a luz a un niño, que antes que sea suyo, es del Padre Celestial."

Con ese último pensamiento, aceptó la invitación.

Almorzaron, sin que Karen mencionara el asunto tan grave por el cual la había invitado. Matilde empezó a estar "en guardia", esperando noticias.

Los compañeros espirituales de Karen no la abandonaron. Se dividieron en dos pequeños grupos, dejando dos espíritus con ella y tres con Matilde. Incesantemente se inculcaban a las dos amigas sugerencias congruentes con el plan de Karen, en ella reforzando objetivos materiales, y en Matilde ideas de amistad, ayuda, lástima, todas a favor de la amiga que tenía delante.

Me di cuenta que no podía revertir la situación. Avergonzado, volví a apelar a la bondad divina. Pensando en Florêncio, recé. Comprendí, muy feliz, que la paciencia no era solo mi logro, como se presentó Florêncio, con una mirada suave y protectora. Esta vez Letes no lo acompañó.

Antes de abrir la boca, dijo en voz baja:

– No podemos ni debemos faltarle el respeto al libre albedrío de Karen. Lo sabemos muy bien, tú incluso más que yo. Unamos nuestras oraciones por el beneficio no solo de ella, sino de todos los que vemos aquí y de aquellos que ella y sus asociados quieren hacer daño.

Florêncio mantuvo los ojos cerrados.

– La conexión de Karen con los Oreppis sucederá – explicó después de unos momentos –, sobre todo porque esa es una decisión superior. La forma en que esto suceda; sin embargo, estará condicionada por sus pasos, con evidencia positiva o negativa. Sería mejor confiar en el Padre, ya que Él, en su sabiduría, permite que todo lo que sucede, predicho por su omnisciencia, pero generalmente imprevisto para nosotros, resulte siempre en un factor evolutivo. Por supuesto, el diapasón de la justicia marca la pauta de este progreso, logrado con sonrisas o lágrimas.

Entendí completamente la sabia lección. Abrazándome, Florêncio se despidió.

Karen, "casi distraída", miró a Matilde muy por dentro de sus ojos y disparó:

- Sabes Matilde, estoy completamente atónita por algo horrible que me pasó.

- Por Dios, Karen, ¿de qué se trata esto?

- Estoy conmocionada porque tengo una aventura con un hombre ingresado en "tu" hospital.

- ¿En serio?

- Vito... Oreppi - balbuceó a propósito.

Los ojos de Matilde se abrieron como platos. Ella estaba asustada. De hecho, en el hospital no se hablaba de nada más, salvo del dueño del molino, quizás el hombre más rico y poderoso de la ciudad, que había intentado suicidarse.

- ¡¿Lo conoces?!

- Sí y mucho.

Matilde, perpleja, sin saber qué decir, preguntó:

- ¿Qué quieres de mi?

- Nada, poco, solo que lo ayudes como puedas.

- ¡¿Yo?!

- Sí.

- Pero él no está a mi cuidado.

- No importa.

Y casi llorando, dijo dramáticamente:

- Por amor de Dios, mira quién lo cuida y no te pierdas nada.

- Pero no le falta nada. Lo mejor le es proporcionado. Los mejores médicos, solo enfermeras jefe...

- Lo sé, me lo puedo imaginar; pero, ¿puedes calcular cómo estoy? Estoy a punto de explotar. Necesito saber cómo está y si me llama tengo que ayudarlo. Nadie sabe de "nuestro caso", así que quien sea cercano a él necesita llamarme, por si quiere despedirse de mí, antes… de morir.

Matilde, profundamente conmovida, se apiadó de Karen y respondió sin pestañear:

– No puedo garantizar nada, solo prometo que lo intentaré...

Karen se levantó, rodeó la mesa, apoyó el rostro sobre la cabeza de Matilde y, temblorosa, tomándole las manos, balbuceó:

– Que Dios ilumine tus pasos.

Acompañé a Matilde al hospital y por primera vez visité a Vito. Recordando las lecciones ejemplares de Jesús sobre el amor integral, puse mis manos sobre Vito y le rogué al Maestro que diera bendiciones de paz y consuelo a aquel espíritu que tan equivocadamente había actuado.

Entonces fui informado, con un mensaje espiritual que mi mente registró, sobre el drama que había llevado a Vito a ese gesto extremo. Había tomado conciencia de algo muy cruel que afectaba su vida de manera irrevocable.

HERENCIAS CONTINUAS

Al considerarlo necesario, busqué el plano espiritual. En contacto con algunos instructores, intenté conocer algún hecho relacionado con Karen y los Oreppis, lo que me permitiera realizar mejor mi tarea.

Sí, porque desde que Florêncio me ejemplificó en cuanto a la oración, que debe ser lo más integral posible, comencé a considerar como mi responsabilidad parcial ayudar a los Oreppis. Este pensamiento resonó dentro de mí, llevándome a monólogos que invitaban a la reflexión:

– ¿Karen no estaba muy vinculada a ellos? De hecho, ¿no era esto lo que se podría llamar un contexto espiritual, un conjunto de almas interconectadas? Entonces, ¿mi actitud de ayudar solo a una de ellas, Karen, sería en este caso cristiana?

Decidí que le daría a Karen mi mayor dedicación, pero nada me impidió ayudar también a aquellos a quienes estaba ligado su destino.

Fui recibido por el mismo Florêncio, cariñosamente, informándome, al escuchar mis intenciones, que él también estaba vinculado a los Oreppis.

Me invitó a dar un paseo por un bosque cercano y apenas llegamos nos sentamos bajo un frondoso árbol.

– Los Oreppi – dijo Florêncio –, están todos enredados en compromisos difíciles y solo con mucha decisión para bien podrán rescatarlos. Durante muchas, muchas vidas, juntos, se han agrupado y actuado de manera infeliz, algunos apoyándose mutuamente. Son muy leales el uno al otro. El problema es que sus acciones produjeron varias tragedias y, en consecuencia, mucho dolor. Y muchos enemigos... En el pasado formaron un clan ambicioso y egoísta que acumuló un gran poder y fortuna transferida a varias generaciones. Lo increíble es que los desencarnados siguen influyendo sobre sus herederos terrenales, quienes, sumisamente, les obedecen. En el reflujo de las etapas de reencarnación nacional, cuando los actuales poseedores desencarnaron y aquellos otros pasaron al plano físico, la misma simbiosis y mando espiritual de los liberados de la carne permaneció y se reforzó. Todo ello en detrimento de la planificación de los instructores de vida superior, quienes lo permitieron por respeto al libre albedrío y promesas de reparación. Promesas que no se cumplieron y ahora, por el bien de todos, se ha agotado el límite de las concesiones. Esta actual es la última oportunidad que tienen, de comenzar un largo viaje de reconstrucción de todo lo que, juntos, destruyeron. El plano espiritual, al brindarles las condiciones actuales para sus reajustes, no tuvo dificultad en ubicarlos donde actualmente se encuentran, ya que, en origen, la Fábrica Santa Quiropita y las demás empresas de Oreppis no son más que una herencia continua.

Sin poder contener mi curiosidad, interrumpí:

– Florêncio, nunca he oído hablar de herencia continua.

– Es una gran colección de bienes materiales que la divina providencia presta a un grupo de personas, para que puedan ejercer la fraternidad. Esto se debe a que este mismo grupo, no siempre unido, ya habrá hecho mal uso de otras posesiones. Al comprender los obstáculos a los que precipita el poder a sus poseedores, los espíritus bondadosos les conceden nuevas y redobladas oportunidades. Como hay entre ellos un denominador común, de necesarios rescates y aprendizajes, se agrupan formando ricas y poderosas festividades terrenales. La fortuna, quizás, representa la mayor de todas las pruebas terrenales. Y el que más se desaprueba. Juntos, antes de llegar a tierras brasileñas, se habían internado en Asia, como conquistadores mongoles; más tarde, en

Europa, entre pueblos de origen germánico; finalmente, en Italia, donde la actual generación finaliza el ciclo de su estancia grupal.

Cuando dijo estas palabras, sentí que Florêncio tenía algo muy importante que le preocupaba.

Después continuó confirmando mi impresión:

– Estuve con ellos en cierta parte de esta larga trayectoria, fui uno de ellos, mi nombre era Sangiorgio. Hasta la mitad de ese viaje, actué como infeliz. Pero, por la gracia de Jesucristo, en la otra mitad detuve este procedimiento, en el momento en que algo trascendental sacudió a todo el grupo familiar: Ângelo Oreppi, mi hermano, falleció siendo joven, en condiciones trágicas. Siendo el más joven, estremeció todos los corazones de la familia causándonos una inmensa tristeza. En aquel momento, la familia tenía el monopolio del transporte marítimo en su país. Un buen día, en un país lejano, nuestro Brasil, un hombre entró en nuestro barco que estaba atracado y buscó al capitán. Como insistió en transmitir un mensaje al "dueño del barco", fue conducido ante el capitán, Carlo, quien, decidido a averiguar de qué se trataba, lo recibió con sospecha.

En ese momento, Florêncio me miró largamente.

– El hombre tenía un aspecto humilde – prosiguió –, pero respetuoso. Algo en sus ojos inspiraba respeto, casi miedo, como relataría más tarde el capitán. El mensaje, escrito a grandes rasgos en una hoja de papel, era el siguiente:

"Papá, mamá, hermanos y abuela: no lloren más por mí, porque estoy bien; estoy con el abuelo Arturo, desde que dejé su compañía física; apoyen a los pobres, que están en todas partes; ellos y todos somos hijos de Dios; por eso, siendo hermanos nuestros, merecen ser ayudados, especialmente los más cercanos... Besos, abrazos y los extraño, Ângelo."

El capitán anotó todo el mensaje en una hoja de papel suelta y lo guardó en su cuaderno de bitácora. Al principio incrédulo y molesto, quedó atónito por el mensaje, ya que nunca había visto a ese hombre. Era curioso:

– ¿De dónde conoces a la familia de Ângelo?

– Señor, no los conozco – respondió el hombre, humilde pero firme.

– Entonces, ¿cómo sabes estos dos nombres?

– No lo sé, fue Ângelo quien lo dijo.

– ¿Y de dónde lo conoces? – Carlo casi explota.

– Pero yo tampoco lo conozco. Él está en el mundo de los espíritus y me visitó en casa hace más de diez días, cuando me pasó el mensaje.

– ¡¿Te visitó?!

– Sí. Un grupo de amigos y yo nos reunimos una vez por semana para estudiar el Evangelio de Jesús y, a veces, a través de mí, algún alma nos habla.

– Pero esto es brujería – gritó Carlo, sin poder contenerse.

– No señor. No, señor, en absoluto. Mis amigos y yo somos cristianos. Trabajo en un ferrocarril que está siendo construido por un médico y como tenía continuos ataques de locura, durante los cuales hablaba con las almas, él me trató... y me curó.

Carlo pensó:

– ¿"Médico construyendo un ferrocarril"? – Pensando que ya lo entendía todo, simplemente dijo:

– ¡Ah, entonces fuiste hospitalizado!

– No señor, al contrario, comencé a ir a la casa del médico, donde se reunían algunos de sus amigos, para estudiar una nueva religión.

– ¿Una nueva religión? ¿Cuál?

– Espiritismo, señor.

El capitán, considerando que estaba en presencia de un desequilibrado mental, y no habiendo oído nunca nada sobre esta nueva religión, decidió que sería prudente terminar allí aquel insólito diálogo. Creyendo también que en todo esto había algún engaño, probablemente con intereses creados, decidió investigar el hecho más a fondo, basándose en el informe policial que haría.

En tono amenazador preguntó:

- ¿Cómo buscaste mi barco? ¿Quién te dijo que el dueño de este barco tiene familiares con esos nombres?

- Ya te dije que no conozco a nadie, excepto al espíritu Ângelo y fue él quien me informó que este barco estaría aquí estos días.

- ¿Y cómo sabes que realmente fue el espíritu Ângelo quien te dio el mensaje?

- Lo sé porque dijo que, si tuviera alguna duda, debería decirte algo que solo ustedes dos lo saben...

Carlo ahora estaba seguro que estaba frente a un matón, ciertamente un chantajista. Disimulando su enfado, animó al hombre a continuar:

- ¿Si?

- Me dijo que, durante los viajes por mar, también le gustaba quedarse en proa, como a ti, en las noches estrelladas.

Que el capitán estaba en proa, durante las travesías marítimas, lo sabían todos los marineros. Imaginó que alguno de ellos le había contado ese detalle a aquel chantajista. No cabía duda que alguien de la tripulación le había dado toda esa información, con el objetivo de chantajearlo y obtener ganancias, que serían compartidas. Ahora todo estaba muy claro para Carlo. Todo lo que tenía que hacer era llevar a cabo una investigación con la tripulación y pronto podría entregar al denunciante y al estafador que tenía delante a la policía.

Conteniéndose, formuló la última pregunta:

- ¿Qué esperas ganar con todo esto?

- Nada, mi señor. Solo vine a traer el mensaje, porque tengo miedo de no servir a las almas.

Al notar que el capitán estaba nervioso, preguntó humildemente:

– ¿Puedo terminar el mensaje por ti?

– ¡¿Aun no lo has dicho todo?!

– No señor. Ângelo dijo que, como a ti, también le gustan mucho las estrellas gemelas llamadas...

En ese momento el hombre abrió un papel, donde anotó el billete, ya que no sabía de memoria los nombres de las estrellas, y con cierta dificultad deletreó:

–... Castor y Pólux.

Las piernas de Carlo temblaron. Nadie, nadie en absoluto, sabía de su infinita admiración por las estrellas detrás de él en la constelación de Géminis. Seguía soñando cuando las miraba, sobre todo cuando estaba en el mar, pensando que si tuviera hijos les pondría esos nombres tan bonitos...

En las innumerables travesías marítimas que ya había emprendido, quedaba extasiado durante horas contemplando la inmensidad celeste, donde las estrellas parecían deslizarse por los senderos del cielo, en recorridos similares a arcos.

Las estrellas mencionadas, en particular, eran sus favoritas para la certificación infalible de rutas.

Práctico, al instante se dio cuenta que no se enfrentaba a un paria, sino a alguien con un don increíble. En su cerebro, todo lo que sabía sobre religión y los muertos se derrumbó. Cuando el barco regresó a Europa y la familia de Ângelo recibió la nota, todos se burlaron de la ingenuidad del capitán. El detalle de las estrellas gemelas, como era personal, quedó oculto por el capitán.

Florêncio hizo una larga pausa. Después continuó:

– Se burlaron todos, menos yo. Mi familia decía, con convicción, que algún marinero seguramente le había pasado los nombres y los hechos a aquel santo impostor. Esto se debe a que solo los santos podían hablar con las almas. En cuanto a esta nueva religión, preguntamos al sacerdote qué pensaba de ella y nos preparamos para las pesadas penitencias que nos impondrían. Se advirtió severamente al capitán que nunca volviera a escuchar semejantes tonterías y que debía mantener más disciplina con su tripulación.

De hecho, a modo de ejemplo, toda la tripulación de ese barco fue despedida sumariamente, incluso bajo amenaza de ser denunciada ante las autoridades, por haber hecho declaraciones confidenciales "en interés del país cuya bandera ondeaba en el mástil del barco."

Florêncio interrumpió su presentación y volvió a mirarme.

- El capitán - prosiguió -, que era un hombre orgulloso, vio cómo despedían injustamente a su tripulación y renunció solidariamente. Esto significó que todos esos hombres y sus familias enfrentarían dificultades, ya que su profesión solo encontraron refugio a través de los Oreppis. Siempre había amado a Ângelo, en los pocos años que vivimos juntos. Su muerte fue prácticamente mi muerte: me desesperé. Mi abandono de todo preocupaba a mis familiares. Algo dentro de mí gritó contra Dios, que se lo había llevado "antes de tiempo" y de forma tan cruel. Decidí entonces alejarme de las cosas mundanas, cansado de todo, del poder, de la riqueza y sobre todo de la hipocresía. No soportaba a tanta gente alrededor de nuestra fortuna, halagándonos. Y; sin embargo, desde hacía algún tiempo reflexionaba sobre nuestro cruel comportamiento hacia nuestros empleados, que eran muchos. Ninguno fue respetado y por cualquier falta, por pequeña que sea.

En cualquier caso, era despedido sumariamente de su trabajo. Ni siquiera puedes imaginar cuántos sufrieron y cuánto sufrieron. Algunos incluso se suicidaron...

Vi lágrimas brotar de los ojos claros de Florêncio.

Yo también me emocioné.

- Estaba viviendo esta tormenta moral - prosiguió -, cuando llegó el mensaje de Ângelo, "procedente del otro mundo", ¡donde estaba! ¡Así que no había muerto! ¡Él todavía estaba vivo!

Entonces sí, casi me vuelvo loco, para siempre, porque ese misterio se me quedaba grande en la cabeza. Mi crisis física y espiritual se intensificó. Me postré unos días, indiferente a todo y a la vida misma. Temiendo volverme loco, decidí descartar el incidente de la nota como una tontería. Pronto todo eso fue olvidado por mis familiares. De acuerdo con ellos, terminé creyendo que habíamos sido víctimas de una gran mistificación, de una estafa, de un complot de gente irresponsable interesada en lucrar. Siendo ricos, vivíamos bajo la constante mirada de hechos similares.

Como arrepintiéndose de esa actitud, Florêncio frunció el ceño por algunos momentos, pero pronto la serenidad volvió a su rostro y dijo:

– ¡Pero la bondad de Dios es infinita! Una mañana me desperté con la clara sensación que la nota era auténtica y que mi actitud era infeliz; que mis pensamientos sobre la muerte de Ângelo estaban equivocados y, sobre todo, necesitaba aclarar la nota sobre lo natural. El fantástico misterio de la muerte había levantado una esquina de su velo. También se abrieron las puertas de mi corazón: esa realidad trajo consigo una ayuda espiritual sublime para todos nosotros. Inmediatamente me di cuenta que aquel incidente representaba un despertar a las cosas del espíritu, hasta entonces sumariamente relegadas por los magnates que éramos.

Florêncio me miró expresivamente, asegurándose que tuviera mi atención. Tuve la impresión que en sus palabras flotaba algo muy importante, relacionado con mí. ¿Podría ser ésta la preocupación que había notado en él hace un momento? Tras una breve pausa, continuó con sus recuerdos:

– Reflexioné durante varios días sobre esa llamada, deduciendo que la muerte no acaba con la vida. La sugerencia que los pobres cerca de nosotros fueran protegidos, indicaba que al hacerlo estaríamos agradando a Dios. Me preocupé al imaginar que todos aquellos que se habían suicidado, por desesperación, después de haber sido despedidos de sus trabajos, seguramente vivían en el mundo de las almas, continuando desesperados, pero ahora con odio y deseo de venganza, porque, si regresaban y, algún empleado despedido cometía un atentado contra nosotros, ¿qué evitaría que los suicidas también lo hicieran, ya que "todos los que murieron" seguían vivos?

Un poco de malestar me visitó, ya que mi memoria comenzó a sentir algo en esa narración.

– Madurando mis reflexiones – continuó Florêncio –, busqué a mi familia y traté de despertar su interés por la nota de Ângelo, detallando mis pensamientos al respecto. Con la tristeza, me consideraban sentimental, "debilitado por la exagerada añoranza por el muerto." Abrumado, y sintiendo que Dios había puesto una luz frente a mí, decidí ir a Brasil y buscar al hombre que tenía el increíble poder de "conversar" con Ângelo. Fui cauteloso. No le revelé mis intenciones a nadie. Al enterarme que un barco salía en los próximos días hacia Sudamérica, fui donde mis padres y les pedí permiso para participar en "algún viaje." Considerando que esto podría ser bueno para mi salud, incluso que el aire del mar curase mi inmensa apatía, se me autorizó a viajar. Fui designado administrador general del viaje, teniendo a cargo las decisiones comerciales y financieras respecto de los productos a exportar e importar. Decidí llevar a Cario, que conocía al hombre que había "hablado" con Ângelo, ya que mi principal objetivo era entrevistarlo. Busqué al ex capitán y lo convencí para que me acompañara en esa larga excursión, como asistente remunerado. Me alegré que aceptara.

Florêncio interrumpió su relato y en un gesto fraternal tomó mis manos, transmitiéndome amistad. Sentí cuánta bondad irradiaba ese espíritu. Entonces, mi memoria se aclaró, con un recuerdo cristalino: ¡ese capitán era yo! Un torbellino de recuerdos asaltó mi cerebro, casi congestionándolo.

En un impulso imparable, abracé a Florêncio durante mucho tiempo. Cerró los ojos y pude leer sus pensamientos, animándome a seguir recordando. Y vinieron, muy claramente:

– En ese viaje que luego hice con Sangiorgio– Florêncio, yo mismo estaba dispuesto a esclarecer el misterio de los muertos que hablaban a los vivos. Después de unos días de viaje, en una noche de espléndida luz de Luna, Sangiorgio y yo vimos al capitán Marcelo en cubierta, pensativo, mirando al cielo y nos acercamos a él. Eran tantas las estrellas, viajando por la inmensidad celeste, en un aparente recorrido arqueado, como si emergieran del mar, dirigiéndose hacia las alturas para luego hundirse hacia el otro extremo del arco. Hablamos con Marcelo sobre las costumbres y religiones de la gente del país que íbamos a visitar.

Sangiorgio, sin rodeos, le hizo una pregunta directa:

– ¿Crees que los muertos pueden volver y hablar con los vivos?

Admirado, Marcelo no respondió de inmediato. Nos miró fijamente, sacándose la pipa de la boca y vertiendo su contenido en el mar. En respuesta, hizo otra pregunta:

– ¿Por qué me preguntan eso?

– A decir verdad, es porque estoy buscando esa respuesta.

Le conté lo que pasó, sobre la nota de Ângelo. El simple hecho de realizar ese viaje fue la prueba que el dueño del barco y yo creíamos en la veracidad de aquel extraño suceso.

Después de un largo silencio, Marcelo finalmente respondió:

– Lamento, Carlo, que hayas perdido tu trabajo por esto.

Y dirigiéndose al señor Sangiorgio:

– Creo que yo también debería ser despedido, porque creo igualmente en la comunicación de las almas con los vivos, o mejor dicho, con los encarnados. De hecho, no solo lo creo, sino que tenemos a bordo dos o tres tripulantes que también creen en ello y tienen esa misteriosa habilidad de prestar sus cuerpos para que los muertos puedan hablar a través de ellos.

Radiante y agitado, Sangiorgio preguntó a Marcelo:

– ¿Podríamos intentar, aquí en el barco, "hablar" con mi hermano? Porque no creo que lo que nos acaba de decir sea una coincidencia. Realmente creo que el destino planeó este viaje.

– Pero señor, ¿qué diría su familia?

– Nada. Todo lo haremos bajo la máxima confidencialidad. Solo participaremos ustedes, los asistentes que tienen el don, Carlo y yo.

– ¿Y por qué no? – Respondió Marcelo resueltamente –. Si Dios lo permite, tal vez sea incluso una feliz oportunidad para que seamos testigos de este gran amanecer para toda la Humanidad.

– ¿Cómo así? – Pregunté.

– Hace unos treinta años, más o menos, surgió en Francia una nueva religión. Exactamente lo que el hombre allá en Brasil le dijo a Carlo que se llamaba Espiritismo. A través de esta religión se están aclarando muchas cosas inexplicables.

– ¿Qué cosas? – Preguntó Sangiorgio.

– Mesas que hablan y vuelan, muertos que regresan y se aparecen a los amigos por un rato. Un conocido mío, de París, me regaló varios números de una revista mensual sobre esta nueva religión.

Pensando por un momento, como buscando algo en su memoria, añadió:

– Tengo algunas copias conmigo. Las iré a buscar.

A los pocos momentos se dirigió a su habitación y regresó con dos revistas que parecían muy viejas. Nos entregó a cada uno una revista. La de Sangiorgio decía: *Revue Spirite – Journal – D'Etudes Psychologique – Publié sous la direction de Allan Kardec – Anée 1 – May.1858 – n° 5*. La otra revista, conmigo, tenía el mismo encabezado, solo que la fecha era: Junio 1858 – n° 6.

Antes que Sangiorgio dijera algo, Marcelo dijo:

– Le sugiero que lean y reflexionen sobre las enseñanzas contenidas en estas revistas. Verán, en el artículo "Teoría de las Manifestaciones Físicas", cómo se procesan las conversaciones entre los muertos y los vivos, y también, cómo la apariencia de vida e inteligencia de los objetos es falsa, ya que, en verdad, hay un espíritu allí, usando energías tomadas prestadas por los llamados "médiums", para dar su mensaje. El movimiento de los objetos solo se produce bajo el mando de una inteligencia humana, en este caso invisible y sin cuerpo físico, pero no menos viva que nosotros. También se narran varios casos de conversaciones entre los muertos y sus familiares.

Después que lo haya leído y si el Sr. Sangiorgio aun lo quiere y lo autoriza, podemos intentar celebrar, aquí mismo en el barco, una reunión para invocar la presencia de su hermano fallecido. Creo que mañana por la noche, cuando todos estén dormidos, será un buen momento para intentarlo.

Sangiorgio dominaba el idioma francés, lo suficiente como para traducir los textos de las dos revistas, tras lo cual intercambiamos impresiones, hasta que el amanecer nos sorprendió, aun despiertos.

Todo confluyó, la noche siguiente, para que se realizara en alta mar el insólito encuentro espírita. Quizás, el primero en el planeta Tierra. El lugar elegido fue la habitación del señor Oreppi y eran las diez de la noche.

El mar, sereno y dejado flotar sobre él por la luz de la Luna, fue el magnífico escenario que acogió a un alma "de otro mundo", Ângelo Oreppi. En el lugar y hora predeterminados nos reunimos Sangiorgio, Marcelo, tres de sus asistentes y yo. Marcelo fue el encargado de abrir el encuentro con una oración. Sangiorgio y yo estábamos bastante desconfiados y avergonzados, pero la oración nos calmó. La expectación era enorme, casi incontenible.

– Señor Jesús – comenzó Marcelo el encuentro –, dijiste que donde dos o tres criaturas se reunieran en su nombre, Tú estarías entre ellas.[1] Estamos reunidos, Maestro, en Tu sagrado nombre y rogamos Tus bendiciones para nuestro viaje y para lo que ahora estamos haciendo; también pedimos que, si Dios lo permite, venga

---

[1] N.E. Mateo, 18:20.

a nosotros el espíritu del señor Ângelo Oreppi, desaparecido hace casi seis meses.

Todos estábamos esperando, ansiosos. Después de unos minutos, en los que los únicos sonidos eran el motor del barco y la quilla rompiendo suavemente las olas, uno de los marineros señaló que estaba sintiendo algo. Tuve la ligera impresión que estaba sin aliento.

- "Gracias a Nuestra Señora María - dijo el marinero -, estoy aquí, muy feliz, para conversar unos instantes.
Estoy completamente recuperado del gran viaje que me impuso la muerte del cuerpo físico, pero mi corazón está feliz de poder reencontrarme con ustedes."

Intuitivamente, Sangiorgio y yo sabíamos quién estaba allí, invisible, como si estuviera "dentro" del marinero que hablaba: ¡Ângelo!

Sin poder contenerse, Sangiorgio se levantó y exclamó:

- Ángelo...

- "Sí, Gigi, soy yo. Realmente también los extraño a todos."

"Gigi" era el apodo de Sangiorgio, tratado como tal únicamente en la intimidad familiar. El marinero que habló difícilmente podría haberlo sabido.

- "La gracia de Dios permitió este encuentro - prosiguió el médium -, y hay que aprovechar el tiempo, que será corto. Aquí hay mucho que decir y, en casa, más que hacer. Mamá y papá aun no se han dado cuenta de la necesidad, ahora inevitable, de cambiar su comportamiento respecto a la riqueza. Nadie posee nada en este mundo, especialmente el dinero, que es un préstamo hecho por Dios, puesto en manos de quienes necesitan reconstruir el pasado. Cuando me refiero al pasado, es como si estuviera sumergiéndome en otras vidas, donde estábamos juntos y no nos iba bien. Había, entonces, mucha gente bajo nuestra dependencia, como ahora, y a menudo, los despreciamos, les infligimos el martirio. Por eso, hay muchos espíritus que, hasta el día de hoy, no han olvidado la infelicidad que les causamos y quieren vengarse. Tienes razón, Gigi, sobre la existencia de vengadores espirituales, queriendo retribuir. a los Oreppis lo que se les negó, especialmente la paz.

Si Sangiorgio tuviera dudas sobre la autenticidad de ese mensaje, allí lo disolvería. De hecho, había estado orando por todos los que fueron engañados y heridos por cualquiera de los miembros de su familia. Nadie sabía de tus oraciones.

– "Gigi – continuó Ângelo, para el médium –, nos volveremos a reunir una y otra vez con la aprobación de la fortuna y de la bendición divina, inconmensurable, que lamentablemente está siendo despreciada por nuestra familia. Te vas a una tierra lejana y en su momento comprenderás que esto es otra bendición. Intenta ayudar a Flávia, porque sus pensamientos, fijos en el juego, la están llevando al borde de un abismo espiritual.

Nueva prueba indiscutible de quien hablaba, solo que la familia conocía, y lo ocultaba, la perniciosa tendencia de Flávia al juego.

– "Tengo que irme – dijo, continuando con el mensaje espiritual –. Que las bendiciones de Dios permanezcan sobre todos nosotros, sobre los demás tripulantes de este bendito barco y sobre nuestras familias."

Con un ligero temblor, el médium abrió los ojos y tranquilamente dijo:

– ¡Gracias a Dios!

Marcelo consideró oportuno cerrar la sesión.

Volvió a orar, agradeciendo al Padre por las gracias allí recibidas, rogando que fueran compartidas con toda la Humanidad. Solo quien haya vivido una experiencia similar podrá comprender por qué Sangiorgio y yo no pudimos contener las lágrimas de felicidad que fueron tantas, capaces de casi "elevar un poco el nivel del mar", si no hubiera existido la suelo del barco que nos separa de él.

OTRA TIERRA, LA MISMA GENTE.

Todos esos recuerdos fueron muy actuales y revelaron hechos notables de mi última vida material, en la que estuve casado con Karen y luego con Flávia. Entendí que la compañía de Florêncio, en esos momentos en que revisaba mi pasado reciente, era una verdadera bendición, ya que su fraternidad y energía moral me apoyaron para que no flaqueara.

Florêncio, que también estaba encarnado en ese momento, junto con Karen y yo, rectificó varias veces el entendimiento que yo atribuía a algún hecho de ese momento. Así, mi vida terrenal anterior quedó plenamente perfilada, en cuanto a los aspectos morales y espirituales, facilitando enormemente mi tarea actual con Karen, para nuestra indispensable corrección del rumbo conductual.

Flávia Oreppi, soltera, estaba insatisfecha con todo, en la vida, que ningún atractivo le ofrecía, salvo el juego, en noches de insomnio y repetidas veces. Perdedora empedernida, jugaba cada vez más.

Guerino, cuando supo que su hija se había endeudado tan enormemente, casi le da un infarto, no tanto por la cantidad adeudada, sino por la forma en que estaba formada. Pagó las deudas de su hija y le prohibió seguir jugando, hecho que circuló públicamente en todos los casinos. Flávia, sin otras tareas, apática ante el próspero negocio de la familia, empezó a vivir en un infierno íntimo.

Cuando Sangiorgio regresó de Brasil, propuso a sus padres que todos se mudaran allí, donde cambiarían de giro comercial: del transporte marítimo a la producción de alcohol y azúcar. Los padres ancianos estuvieron de acuerdo. La medida les proporcionaría un merecido y confortable descanso, ante una inmensa fortuna. El hijo se haría cargo plenamente del negocio, porque "ya era hora", la hija, antipática a todos, comenzaría una nueva vida en tierras lejanas, volvería a ser respetada y, lo más importante, estaría libre de innumerables amenazas que habían estado sufriendo por parte de ex empleados, además de no tener que tratar más con "esa gente."

Y así se hizo. Este es el origen de la planta Santa Quiropita y de todo el enorme conjunto de bienes pertenecientes a la actual familia Oreppis.

Otra tierra, otros tiempos, misma fortuna, misma gente. Avergonzado, me acordé de Flávia:

Al llegar a Brasil, se casó conmigo y nuestra casa se llenó de cinco hijos.

Demasiado ocupado gestionando las diversas actividades que Sangiorgio me había confiado, descuidé a mi familia. Viajé más de lo que me quedé en casa. Flávia, indiferente al negocio familiar, sintiéndose impotente, volvió al juego. Y peor aun, tratando de reunir el dinero necesario para reemplazar lo que perdió en la ruleta, se convirtió en adúltera. Se unió a un aventurero que durante algún tiempo la exploró, junto con un "compañero." No pasó mucho tiempo y Karen, astuta, fue quien los explotó, arruinándolos. Vida promiscua, mala alimentación, poco descanso, todo ello sumado a la falta de energía moral, eran aspectos de la enfermedad infecciosa que la afectaba. Enfermó menos de diez años después de nuestro infeliz matrimonio.

Entendí el origen de su obsesión por disfrutar de la fortuna de los Oreppis. Esta misma fortuna, en el pasado, había sido parcialmente suya. Mucho dinero de los Oreppis había pasado a sus manos, desapareciendo como el humo, como resultado del fuego alimentado por el juego, que quemó todas las ilusiones en su pecho. Ahora, en lo más profundo de la conciencia, una voz gritaba, inaudible para los órganos físicos, que tenía derecho a parte de esa fortuna.

Era hora de regresar al plano terrenal, de retomar mis deberes como protector de aquella muchacha que, ahora, mi corazón veía aun más hermosa. Estaba mejor equipada para la misión, habiendo entendido completamente la participación de Karen con los Oreppis... y conmigo.

No fue coincidencia que yo fuera el responsable de proteger a Karen.

Florêncio también me comentó la triple ayuda que los mensajeros siderales habían puesto a su disposición, en este viaje terrenal, yo, como su compañero permanente; él mismo, indirectamente, como guardián de los Oreppis, con quienes había estado vinculado durante mucho tiempo; y finalmente, Gino, como espíritu de apreciable posición moral, esperaba recorrer los caminos terrenales con ella.

Habiendo hecho todas estas consideraciones, me sentí reforzado en el desempeño de mi tarea. El éxito espiritual de Karen en su actual camino, bien había dicho Florêncio, sería mi recompensa, mi verdadero diploma de "ángel de la guarda."

Volví con ella. La situación, en ese momento, parecía bastante controvertida, junto con el espíritu de Karen; sus compañeros invisibles nunca la abandonaron ni un momento, en todo momento, le susurraron a su espíritu que tenía derecho al dinero de los Oreppi, que era había sido desheredada. Me sorprendió cuando uno de los espíritus se reunió con sus compañeros, alejándose momentáneamente de Karen, para una confabulación.

Pronto decidieron. Se acercaron a la muchacha encarnada y, rodeándola de incesantes vibraciones, las más dañinas posibles, inculcaron en su mente el recuerdo de Rita, la secretaria de Vittorio Grazziano Oreppi. Karen registró la orden en sus diarios mentales y la tradujo como "una idea interesante" que se le había ocurrido. Decidió buscar a Rita.

Cautelosa esta vez, llamó a la secretaria, solicitando una reunión urgente, pues había grandes noticias sobre Vito. Definió el lugar y la hora, ese mismo día. Superó la resistencia inicial de Rita con uno de sus trucos ya tradicionales: le dijo a la secretaria que estaba dispuesta "a ayudarla a permanecer en su puesto."

Confundida y temerosa de perder su trabajo, Rita aceptó. Tan pronto como se encontraron, Rita preguntó:

– Karen, ¿qué tiene de urgente el señor Oreppi?

– Mira, Rita, hablemos con franqueza, sin ocultarnos nada. Necesito tu ayuda y estoy lista para ayudarte también.

– ¿Qué ayuda puedo darte?

– Te lo diré pronto. Ahora lo importante es que sepas que estoy siguiendo el tratamiento de Vito en el hospital.

– ¡¿Tú?!

– Sí, ¿por qué no? Nuestra intimidad elimina cualquier impedimento, especialmente en estos momentos.

– ¿Eres tú... cercana al Sr. Oreppi?

– Rita, Rita, ¿estás mal?

– No, solo pensé...

Aquí, trastabillando, la secretaria cayó en la trampa mental tendida por Karen y sus cómplices invisibles. Sabían lo que vendría, porque por eso habían inducido ese encuentro.

Pero Karen, ni siquiera lo sospechaba. Sin embargo, experimentado en las tramas del juego, donde pequeños signos, gestos y tono de las palabras delatan secretos o intentos de engaño, intuyó que algo importante había pasado por la mente de su interlocutora.

– Sí, Rita, continúa.

Avergonzada, incapaz de ordenar adecuadamente sus pensamientos, la joven no tuvo más remedio que decir la verdad, incluso cuando dos espíritus presionaban brutalmente su cabeza. Con gran malestar, que estalló menos de dos minutos después de ver a Karen, la secretaria soltó:

– Sabes Karen, el señor Oreppi siempre me trató mal, como si yo fuera "una cosa." En este momento, solo decir su nombre me hace sentir la cabeza apretada.

Tan pronto como Rita terminó de pronunciar esas palabras, los dos espíritus la insultaron.

Intenté protegerla, pero fui brutalmente repelido. Pensé en lo bueno que sería si Letes estuviera allí.

Me mantuve en oración. Como la espiritualidad protectora no me ayudó, deduje que los "límites del libre albedrío" de Karen y Rita no estaban amenazados. De hecho, consideré por tanto, Rita había aceptado ese encuentro y su falta de confianza fue la responsable de lo sucedido.

Rita estaba mareada. Se llevó las manos a la cabeza y empezó a llorar.

Entre sollozos, logró expresarse:

– Nunca fui considerada por el señor Vito. Desde que soy su secretaria no ha pasado un día sin al menos una humillación. ¿Recuerdas cómo te echó? Bueno, siendo íntimo y tratándote así, imagina lo que le hace a los demás, y peor a mí, ya que me veo obligada a pasar más tiempo con él.

Karen abrazó a Rita de manera protectora. Las entidades inferiores también querían a Rita. Karen, interesada en sí misma, fingió rebelarse contra aquel mal y anunció solemnemente:

– Nunca más te maltratarán. ¡Te lo juro! Haré los arreglos para que te quedes en la planta, en el departamento que desees.

Emocionalmente desprevenida, Rita le devolvió el abrazo.

Besó el rostro de quien consideraba su protectora y, en señal de agradecimiento, le ofreció:

– ¿Puedo ayudarle con algo?

Karen, más astuta que nunca, aprovechó la fragilidad de Rita y, guiada por los colaboradores invisibles, dijo en tono muy gentil:

– Vito y yo llevamos muchos meses de relación. Últimamente; sin embargo, algo malo lo atormenta. Como no quiere lastimarme ni asustarme, no me dice qué es. Cuanto más insisto en saberlo, más lo esconde y se pone nervioso. Ese día que lo busqué en la planta, estaba decidido a aclarar de una vez por todas cuál era su tormento, para poder ayudarlo. Como lo amenacé con dejarlo si no me revelaba el problema, me echó. La razón de su "hielo" hacia mí era que me había prohibido buscarlo alguna vez allí en la planta, para que nadie supiera de nuestra relación. Me sentí angustiada y lo desobedecí. Y viste cómo me trató.

Apretando las manos de Rita, Karen le dio el golpe final:

– Tal vez Vito se muera. Podría ser hoy, mañana, esta semana. Solo Dios sabe. Entonces, Rita, no me ocultes nada de lo que sabes sobre él. Estoy segura que de alguna manera puedes decirme algo que no puedo probar, pero sé lo que es.

Karen, faroleando con la mayor naturalidad, se comportó como si estuviera en una partida de póquer.

– Cuento con su total sinceridad – concluyó –, en este momento tan difícil. Y lo juro de nuevo: cualquier cosa que me digas, nadie lo sabrá jamás.

Rita, completamente involucrada, sin la menor sospecha de los problemas que sus palabras producirían, murmuró, como si alguien, de este o del "otro mundo", pudiera oírla confiar:

– El señor Oreppi, Vito, tiene otra familia, "otra" amante y dos hijos, lo siento, Karen. Su nombre es Aurélia. Cuentan con el apoyo del señor Oreppi.

Disfrazando el júbilo como indignación y tristeza, Karen la animó:

– Ya lo sabía, ya lo sabía. Solo necesito saber dónde vive para poder ayudarla también.

Nueva trampa.

– Tengo su dirección – añadió Rita –, porque hace unos meses, el señor Oreppi, casi al final de su jornada laboral, necesitaba viajar y me ordenó enviar a un oficinista para que le entregara un sobre a alguien, ese día. Me dio el sobre y se fue. Como no había ningún chico que fuera a la dirección escrita en el sobre, fui yo misma. No sabía a quién estaba destinado, ya que no había ningún nombre en el sobre. Cuando llegué a la dirección nadie respondió y le pedí a un vecino que por favor entregara el paquete a la persona que vivía al lado. Este vecino y su esposa me invitaron a pasar cuando empezó a llover. Entré y, mientras esperaba que dejara de llover, empezamos a hablar. Descubrí que Aurélia vivía en la casa de al lado, con dos hijos, mantenida por mi jefe. Sabían todo esto porque eran los dueños de la casa. Y ese sobre debería haber contenido el dinero del alquiler, que vencía en esa fecha. Les pedí que no le dijeran a Aurélia que yo había traído ese sobre sino un mensajero.

Al decir estas palabras, Rita abrió su bolso y sacó un trozo de papel con una dirección escrita y se lo entregó a Karen. Creyendo que se estaba quitando la insoportable espina que la atormentaba, añadió:

– Ésta es la dirección de Aurélia.

Se despidieron. Karen se fue a casa y se quedó despierta casi toda la noche, planeando cómo utilizaría este descubrimiento tan importante, que sin duda estaba estrechamente relacionado con el intento de suicidio de Vito. Lo importante era sumarse al dolor de la familia, compartiendo con ellos el angustioso secreto. Y fortuna. Incluso se consideraba una desheredada...

Buscó a Aurélia al día siguiente, pero ella no estaba.

Recordando la información de Rita, tocó el timbre de la casa vecina, la de los propietarios de la casa de Aurélia.

La atendió la pareja. Se identificó como trabajadora social, con órdenes del señor Oreppi, que se encontraba hospitalizado, de ayudar a "doña Aurélia y a sus dos pequeños hijos."

El casero y su esposa, algo sorprendidos, denotaban también gran preocupación, invitaron a Karen a pasar. Después que los tres se instalaron en la sala, trató de ser cordial:

– Necesitamos ayudar a Aurélia. ¿Que sugieres? – Siempre la misma Karen, lanzando el anzuelo.

El hombre miró a la mujer, como pidiendo consejo. La mujer, con un gesto, accedió.

– Como ya debes saber – dijo la casera –, Aurélia está muy enferma. Lleva dos semanas hospitalizada y los niños están con su tía.

– ¿Qué tiene?

Gran bochorno y vergüenza mostró la pareja. Karen se dio cuenta al instante que algo muy grave debía estar pasando. Insistió cortésmente:

– Puedes decirlo. De hecho, creo que "nuestras" sospechas tienen base.

Invirtió mucho para intentar descubrir la enfermedad de Aurélia.

– Con Aurélia tan enferma, hospitalizada como el Sr. Oreppi, debemos mantener sus pagos de alquiler al día.

El punto justo para superar cualquier resistencia había sido tocado. La mujer dijo:

– Nadie dice nada, pero parece que es algo malo. Muy malo. Sin cura. Además, la forma en que perdió peso tan rápido y con esas manchas en la boca.

– ¿Será esa enfermedad? – Karen vaciló a propósito, bien a su estilo.

La pregunta fue directa. Cruel. A la sospecha de la posible tragedia en sí, Karen añadió un nuevo ingrediente: la codicia. Rápidamente, le pasó por la cabeza la increíble fuerza que el secreto de Vito- Aurélia podía proporcionarle para llevar a cabo sus planes de extorsionar a los Oreppi.

Tentativamente, marido y mujer respondieron:

- Eso es lo que dicen...

- ¿Quién lo está diciendo?

- Todos. Los vecinos, los clientes del mercado, de la carnicería, y, principalmente, de la farmacia.

- ¿De la farmacia?

- Entonces, ¿no es ahí donde ha estado gastando una fortuna? El dueño de la farmacia ha venido aquí a cobrar y la deuda no es pequeña. La tía de Aurélia viene casi todos los días a buscar nuevos medicamentos para llevárselos al hospital.

Karen "metabolizó", en un segundo, otro increíble e insospechado componente del drama de Vito y, por extensión, de los Oreppis.

- "Cuando alguien renuncia a la vida es porque imagina que sus problemas no tienen solución", pensó.

Dedujo que Vito había intentado suicidarse porque no podía soportar las implicaciones de los dramas y problemas que lo involucraban. Quizás los Oreppi pagarían un alto precio por su silencio.

- "No hay chantaje, porque los chantajistas tienen sus vidas constantemente amenazadas."

Prometiendo mantener el alquiler al día], pidió la dirección de la farmacia, afirmando que también se encargaría del pago de los medicamentos de Aurélia. Al ir a la farmacia, utilizando un subterfugio, se identificó como "la emisaria del señor Oreppi", encargada de saldar la deuda de Aurélia. No tuvo dificultad en descubrir cuán grande era la tragedia que había visitado a Vito y Aurélia. El farmacéutico, sin sospechar nada y también interesado en recibir lo que se le debía, de no poca importancia, aclaró:

– No todos los medicamentos recetados a doña Aurélia se venden sin receta en las farmacias, por eso tuve cuidado de conseguirlos directamente en los laboratorios fabricantes.

– ¿Qué medicamentos, por ejemplo?

– Existen remedios específicos para varias enfermedades que afectaban a doña Aurélia al mismo tiempo. Para la mayoría de las recetas, nosotros mismos tenemos los medicamentos aquí en la farmacia. Pero como su caso es grave, muy grave, solo en el propio hospital se puede encontrar el medicamento principal, el AZT.

– ¿AZT?

– Sí, la medicina contra el SIDA. Además de ser muy caro, es importado y proporcionado por el gobierno, que lo controla.

– ¿En qué hospital está Aurélia?

– En el Hospital Municipal.

Karen comprendió y tuvo plena certeza que Vito había buscado, en su intento de suicidio, anticipar las consecuencias de la misma enfermedad que Aurélia. Inexorablemente, tanto él como ella fueron condenados a muerte. ¡Ambos con SIDA!

Florêncio– Sangiorgio me invitó a visitar a Vittorio

Grazziano Oreppi, en el hospital. Antes de entrar, Florêncio puso sus manos sobre mis hombros y dijo, con evidente tristeza:

– Se hicieron todos los esfuerzos posibles para disuadir a Vito del suicidio. Sordo a mis llamamientos, debido naturalmente a mi insignificancia, prefirió escuchar a los enemigos del pasado. ¡Oh! Si los encarnados escucharan un poco más a su conciencia, cuántos problemas se evitarían...

Allí Florêncio y yo fuimos recibidos por espíritus de turno en tareas de primeros auxilios.

Nos dirigimos al sector de enfermedades infecciosas, donde algunos pacientes, segregados, demostraron desde lejos la gravedad de sus condiciones patológicas. No solo orgánicamente, porque, lo más cruel de todo, estaban rodeados de entidades espirituales sufrientes, alimentándose de las pocas energías que emanaban de ellas.

Había espíritus desinteresados en las cercanías de cada enfermo: eran sus "ángeles de la guarda." En las oraciones, sus propios protegidos les impedían acercarse a ellos, debido a su fijación obsesiva por los dramas y tragedias que los habían conducido hasta allí.

Los amables trabajadores estaban contentos con nuestra llegada. Había entidades infelices que apenas podían creer lo que veían cuando entramos en esa sala dolorosa; estaban asustados, porque de Florêncio emanaba una luz muy fuerte. Confiados, en oración a Dios, sin temor alguno nos acercamos al lecho de Vito. Yo mismo me asusté ante tanta luz. En desorden, aterrorizados, los equipos de vampiros se disolvieron. Antes que pudiera siquiera pensar que me debían una pequeña parte de aquella maravilla, Florêncio, humilde, susurró:

– ¡Gracias a Dios, gracias a Jesús!

Puso su mano sobre la frente de Vito, quien, en estado de coma, parecía un hombre muerto. El paciente no registró nada físicamente. Pero, espiritualmente, la reacción fue inolvidable: en el mismo momento del toque de Florêncio, el espíritu de Vito volvió a su cuerpo físico.

Vito, en repetidas pesadillas, deambulaba espiritualmente por regiones oscuras, desesperado por lo que sucedía a su alrededor, viviendo el momento del gesto loco de intentar suicidarse. Con el apoyo de Florêncio y el regreso espiritual a la sede física, el interior del cuerpo de Vito se iluminó tenuemente. Antes, lo que era un imagen estropeada, ahora se asemeja a uno de esos objetos de cristal, que reproducen científicamente las partes internas del cuerpo humano. Semejante espectáculo era impresionante. Ese cuerpo, desgarrado e invadido por enjambres virales, contenía una vida, con un torbellino de vidas activas en su contexto. La sangre corrió por los infinitos caminos. Órganos de gran tamaño, con funcionamiento precario, debido a la falta de tono vital, garantizaban todavía la vida de todo el grupo. Miles de glándulas, como abejas trabajadoras, vertieron su producción en todos los sistemas. El metabolismo, aunque deficiente, se sostenía gracias a los conductos nerviosos que aun obedecían parcialmente al mando del cerebro lesionado.

No pude evitar reflexionar que, si la vida era tan poderosa en un cuerpo tan lastimado como ese, ¿qué se podría decir de una persona sana?

– "¿Cuánta gente se ha detenido a pensar en lo que representa un cuerpo sano? – pensé –. ¿Cuántos ingenieros siderales, de la más alta competencia, como asistentes directos del Maestro Jesús, todos inspirados por Dios, habrán participado en la elaboración de las formas originales del cuerpo humano, haciéndose responsables de su evolución, a lo largo de millones de años?"

Me acerqué e instintivamente tomé las muñecas del enfermo. Estábamos en oración, rogando a Jesús que liberara al paciente, el posible consuelo y, si Dios lo permitía, la recuperación física. Después de algunos minutos, Florêncio dijo:

– Vito se encuentra en estado vital vegetativo.

Lo miré interrogativamente y añadió:

– No volverá a la plena conciencia hasta la desencarnación. Tendrá, como gracia divina, solo unos breves intervalos para recoger ideas y entendimientos, para reflexiones encaminadas al arrepentimiento y para movimientos especiales.

Hubo un largo silencio. Sentí la gravedad de la situación y noté una inmensa tristeza en Florêncio quien, captando mis pensamientos, añadió:

– Sí, Vito no se recuperará. Además que el cerebro ha sido parcialmente dañado, lo que ya es muy grave, es víctima de enfermedades infecciosas oportunistas simultáneas. La difusión se acelerará porque no encontrará la oposición natural y benigna que el intento de suicidio desbarató.

LA PREGUNTA CLAVE

Karen se retiró a su casa. Necesitaba reflexionar sobre todo lo que había descubierto, consciente que tenía en sus manos una preciosa herramienta para el éxito de su plan de hacerse rica. Los secretos que guardaba sobre Vito, seguramente conocidos por la familia, habrían sido una valiosa recompensa por su silencio. Suponiendo, correctamente, que Vito se encontraba en un estado desesperado, no podía detenerla, ya que todo lo que se proponía hacer, todas las acciones del plan, pasaban necesariamente por él.

Después de pensar mucho tomó una decisión, obligaría a Matilde a informarle sobre la verdadera situación de salud de Vito, para que ella pudiera actuar con seguridad.

En las oraciones también decidí estar de guardia con Karen, esperando la oportunidad para intentar disuadirla de esos siniestros objetivos.

Karen no me permitía acercarme, obsesionada con el poder y las ventajas que proporciona el dinero, quería disfrutarlas a cualquier precio. En sintonía con los espíritus vengativos, que a través de ella pretendían atacar a los Oreppis, era presa fácil para ellos. Las compañías que asesoraban a Karen estaban inmersas en sus propias metas y tenían poco tiempo para preocuparse por mí. Con bromas y sarcasmos, de vez en cuando se dirigían a mí, incapaces de sentimientos más nobles. Convencidos de su dominio sobre Karen, poco a poco se fueron acostumbrando a mi presencia en los alrededores. Sabían cuál era su poder y el mío, por lo que me prestaron poca atención.

Karen estaba descansando un poco, su mente era un caos, iba a mil, cuando dos espíritus entraron en su habitación.

Reunieron a los que ya estaban con ella y le dieron "buenas noticias":

– Estábamos en el hospital. Allí todo está en orden.

Me miraron y sonrieron sarcásticamente. Ávido de información, el espíritu que parecía mandar, en tono nervioso e imponente ordenó:

– Díselo al resto pronto.

– Bueno, el ladrón es realmente malo, no sabemos por qué no ha viajado todavía.

Y señalándome:

– Éste, con otra "oración", le dio fuerzas, pero ellos mismos ya saben que no sirve de nada. Tiene la cabeza partida, le falta un trozo y, encima, está lleno de enfermedades.

– ¿En serio...?

– Sí, tiene la maldición del Apocalipsis.

Se refería al SIDA. Recordé el Apocalipsis de San Juan, cuando el venerable Apóstol de Cristo, desterrado por el Imperio Romano a la Isla de Patmos, Grecia, fue llevado a la espiritualidad por el mismo Jesús, para recibir y transmitir mensajes y revelaciones de gran importancia para el futuro de Humanidad.

Cuando se mencionó el Apocalipsis, me di cuenta que todos los espíritus se estremecieron, encogiéndose instintivamente. Por un instante vi terror en sus rostros. ¡Esos espíritus conocían el Apocalipsis! Este hecho me llenó de esperanza, pues señalaba una posible ruptura en la barrera formada por sus malos pensamientos. Los espíritus estaban reflexionando sobre la información importante, para decidir los próximos pasos, cuando el otro recién llegado, hasta entonces silencioso, añadió:

– ¿Cuál es su reacción? – Preguntó el jefe, todavía pensativo.

Recibió la respuesta, en un lenguaje desafortunado:

– No fue muy fácil. Está más o menos cubierta.[2] No obtuve mucho, pero siempre quedará alguna ganancia. Se arrepintió de encontrarse aquí con el tonto y no pasa una hora sin derretirse y sin orar.

– Vuelvan al hospital los dos ahora mismo. Obliga a este llorón a cooperar. Hagamos que los dos se encuentren. La heredera necesita saber estas cosas para poder sernos más útil.

Los espíritus obedecieron inmediatamente. Llamar a Karen "heredera", repetidamente, era el colmo de la astucia y la audacia, ya que esas entidades ya daban por sentado el éxito de su complot.

No podía evitar una profunda depresión y una gran tristeza al pensar en lo diferente que sería todo si Karen hubiera estado un poco más alerta.

¡Era un juguete de la oscuridad y disfrutaba de ella! Los sentimientos de infelicidad que me visitaron no persistieron en mi corazón, ya que muchas veces mis compañeros y yo habíamos sido entrenados para afrontar las crisis. Cuanto más grandes sean, mejores serán las oportunidades de medir nuestros logros y progreso moral.

Frente a mí, espíritus desencarnados y vengativos planeaban acciones malvadas, con la colaboración voluntaria de un espíritu encarnado, Karen. ¡Y otro espíritu desencarnado estaba simplemente observando todo, sin hacer nada, yo!

Esta es la realidad que de repente me asaltó. Algo había que hacer. Cualquier cosa. Menos quedarse quieto. Como Florêncio y Letes no podían ayudarme, tendría que hacer lo que fuera necesario solo. En el curso de "ángeles de la guarda" siempre nos advertían que cuando estallaba una crisis, cualquier crisis, solo el equilibrio proporcionaría a la inteligencia la mejor manera de resolverla. Los instructores enseñaron:

---

[2] N.E. Protegida.

– Cuando todo sea realmente difícil, no entres en pánico. La molestia es la mejor manera de dispersar las fuerzas físicas y mentales.

Piensa en Jesús. Haz mentalmente la pregunta clave: ¿qué haría el Maestro si estuviera en tu lugar? La respuesta debe ser lo que deberían hacer...

Hice la pregunta fácil, con la esperanza de responder yo mismo a la muy difícil respuesta, ¿qué haría Jesús en mi lugar? Sin saber la respuesta exacta, se me ocurrió buscar a Karen, con la esperanza que me ayudara de alguna manera. Pero, sumida en intensas preocupaciones económicas, no registró ni uno solo de los innumerables llamamientos que le dirigí mentalmente. Concluí: "Respondí mal a la pregunta clave."

Entonces sonó el teléfono. Karen saltó de la cama, como quien adivinó que era para ella y era sobre Vito. ¡Y lo era!

Matilde, con sumo cuidado, le dijo:

– Karen, tenemos que hablar de lo que me dijiste – le pidió.

– Sí, sí. ¿Dónde?

– No lo sé, no lo sé... – Karen tomó la iniciativa:

– Allí en la plaza central, en el banco al lado del reloj.

– Sí. Saldré a las cuatro y en quince minutos estaré ahí. Hasta luego.

Karen, exultante, notó el nerviosismo de Matilde. Algo importante estaba a punto de ser revelado o confirmado. Se reunieron en el lugar y hora acordados. Estábamos allí de nuevo, los "asesores" de Karen y yo.

El apóstol Pablo tenía razón cuando advirtió que de repente estamos rodeados por una nube de testigos.[3] En las proximidades del banco del jardín, además de las dos chicas, de los cuatro espíritus que acompañaban a Karen, además de mí, había otras entidades desencarnadas que hacían compañía a personas

---

[3] N.E. Epístola a los Hebreos 12:1

encarnadas, que en ese momento se encontraban desocupadas. Tuve la satisfacción de ver acercarse, en espíritu, a una señora.

– Alabado sea Dios – me saludó – Yo estoy a cargo de ayudar a Matilde.

Había una "colega." Me regocijé en su presencia. Su rostro era aprensivo. Sin intercambiar palabra, comenzamos a orar.

Matilde, cargando con un fuerte sentimiento de culpa del que no podía liberarse, sin siquiera saludar a su antigua vecina, le confió en voz baja:

– La situación es muy grave. Oreppi seguramente no sobrevivirá.

– ¿Cómo así? ¿Qué tiene?

– Está muy mal, con el tiro en la cabeza y otras cosas.

– ¿Otras cosas?

– Sí.

– ¿Qué cosas, Matilde?

– No estoy segura, así que no puedo decírtelo.

– Por Dios, Matilde, ¿no te dije ya que Vito y yo somos íntimos? Necesito estar segura de todo, tomar mis precauciones.

Siempre con mentiras, con farsas, para conseguir lo que quería. Esa era Karen.

Matilde vaciló.

La señora que la protegía espiritualmente se acercó a ella y le puso la mano derecha en la frente.

También intenté acercarme a Karen, pero ella estaba demasiado emocionada por el momento y prácticamente pegada a los espíritus malignos.

Matilde, logrando cierta serenidad, quedó sorprendida por la contundente pregunta que le hizo Karen:

– ¿Cómo crees que se enfermó?

La enfermera se alejó, en un gesto instintivo, evitando el contacto con Karen. Su gesto la traicionó.

– Sé lo que tiene – la fulminó Karen.

– ¿Lo sabes?

– Sí lo sé. Realmente es algo muy serio. Le compré medicamentos varias veces y sé para qué sirven.

– ¡Oh! Karen.

Matilde empezó a sollozar.

Karen puso su mano en su hombro y se llevó una sorpresa inesperada, Matilde se giró en un gesto repentino, incapaz de evitar mostrar disgusto. La cantata física con Karen la aterrorizó. Estaba sin disfraz. Tenía miedo de contaminarse. Solo entonces Karen recordó que, cuando se encontraron, momentos atrás, al saludar a Matilde, extenderle la mano y ofrecerle la mejilla, ambos gestos fueron rechazados. En ese momento pensé que se debía a su nerviosismo.

– "Matilde se imagina que yo también estoy contagiado – pensó –. ¡Oh Dios mío!"

Que Matilde la repudiara tan descaradamente, sin subterfugios, era la prueba completa que necesitaba. Vito, irrevocablemente, para que ya no quedara ninguna duda, estaba condenado. Entre tantos, era un enfermo de SIDA más en el mundo.

No estaba triste. Al contrario, se sintió alentada por la confirmación de sus sospechas.

– ¿Quién de la familia lo está cuidando? – Preguntó.

– Solo el hermano, el señor Gino. Hay órdenes expresas suyas que nadie lo visite y que no se omita ninguna información. Esto se debe a que la familia decidió ocultar la enfermedad del Sr. Vito, ya que los periodistas no dan paz a la administración del hospital y a los médicos en su búsqueda de noticias.

Matilde se levantó, distante, dando por finalizada la entrevista, evitando el contacto con Karen. Antes que Matilde se alejara, Karen se paró frente a ella y la amenazó:

– Si le cuentas a alguien lo que sabes y sobre todo en cuanto a nuestras conversaciones, me pondré en contacto con la dirección del hospital y les informaré que has divulgado el secreto del Sr. Oreppi. Y voy a apuntar a la prensa.

En ese momento, sin que la protectora espiritual de Matilde pudiera evitarlo, los cómplices de Karen atacaron a la enfermera, quien se sintió mal y quiso vomitar. Karen, aprovechando la debilidad de Matilde, la atacó nuevamente interrogándola.

– No te preocupes, nadie sabrá nunca de mí lo que hablamos. Solo dime una cosa más: ¿Vito no llamó a nadie?

Tratando con todas sus fuerzas de no someterse al malestar y a las náuseas, Matilde respondió:

– ¿Cómo podría? El disparo impactó en parte de la cabeza, no creo que nunca más pueda hablar.

Ella se alejó, disgustada por ese diálogo, arrepintiéndose ya. Su protectora la rodeó de vibraciones tranquilizadoras que la hicieron sentirse mejor.

Karen pasó horas reflexionando sobre los hechos que conocía. Ni por un segundo la abandonaron los tristes compañeros espirituales. Yo tampoco.

Para que su plan prosperara, era necesario el contacto directo con las personas más cercanas a Vito, su esposa, sus padres y su amante. O, quizás, el más fácil sería el hermano. Consideró que, en ese momento, no tendría dificultad en ver a Aurélia.

Fue al Hospital Municipal. Como siempre, acompañada de nosotros, los perturbadores y yo. Intentó averiguar cómo trataba el hospital a los pacientes de SIDA, todos ellos pobres. Sin problemas logró acercarse a Aurélia. Antes debía llevar delantal, mascarilla, gorro y guantes. Se le informó que solo el delantal debía devolverse para su reutilización, las demás piezas eran desechables. Todas las piezas olían a cloro.

Al entrar en la habitación, que estaba aislada del resto del hospital, se sintió mareada por el fuerte olor a gases, a putrefacción, que ni siquiera el propio cloro podía superar. La enfermería fue improvisada. Contó con la colaboración voluntaria de unos pocos trabajadores sociales, casi todos jóvenes, de ambos sexos. En una labor de incomparable dedicación y ejemplo fraterno, permanecieron allí en turnos determinados, sujetos a su tiempo libre. Por el momento, solo dos asistentes. Ninguno de estos voluntarios recibió remuneración. Su presencia, aunque fuera breve, además de fortalecer el estado de ánimo de los pacientes, animándolos a no ceder ante la enfermedad, tuvo un importante efecto espiritual: entidades desubicadas, que acechaban siniestramente alrededor de los enfermos, solo podían acercarse cuando los jóvenes se alejaron.

Noté que los jóvenes irradiaban luces que perturbaban mucho a los ladrones del más allá. Los jóvenes no estaban solos en esta sublime tarea, y cada uno tenía un "ángel de la guarda" a su lado. Nunca había presenciado una imagen más conmovedora, la de pacientes en un estado tan desesperado.

Allí solo permanecían enfermos terminales de SIDA. Obviamente todos eran pobres. Me conmovió la caridad que enriqueció ese ambiente espiritual, superando el imperio de la pobreza material. Aquellos jóvenes representaban a los "*bienaventurados de mi Padre* – exaltados por Jesús –, *registrando a los que estarían a la diestra del Rey, entrando en el reino, porque lo visitaban cuando estaba enfermo.*"[4]

Karen se presentó a Aurélia como trabajadora social de la Fábrica Santa Quiropita, estando allí por orden expresa del señor Vito. Aurélia estaba devastada. Sin defensas espirituales, sus pocas fuerzas vitales eran codiciadas por entidades desencarnadas, cuya

---

[4] N.E. Mateo 25:34- 36.

descripción se vuelve difícil, pues parecían más bien monstruos, mitad humanos y mitad aves rapaces.

Cuando Karen se acercó, seguida de sus descontentos consejeros, se produjo un alboroto infernal, los dos grupos, el que llegó y el otro que andaba dando vueltas, se pelearon. La pandilla de Karen ganó.

– "Aurélia debía haber sido muy hermosa."

Este pensamiento pasó por Karen, quien comenzó a sentir una sensación desagradable, como si el destino de todas las mujeres hermosas, incluida ella, fuera el que tenía delante.

– ¿Hay algo que quieras que se haga para ayudarte? – Preguntó.

– Por el amor de Dios – respondió Aurélia mirándola suplicante –, pídele a Vito que cuide de nuestros dos pequeños.

Karen, cristalizada en sentimientos negativos, se sintió mareada.

Casi se desmaya. Sentimientos controvertidos la visitaron.

¡Gracias a Dios! ¡Finalmente! Había oído el grito de su conciencia, advirtiéndole que todo lo que hacía era contrario a la Ley Divina: ¡la del amor!

Al día siguiente, Karen buscó a Matilde en el hospital donde trabajaba, obligándola a ayudarla a visitar a Vito. Había expulsado todos los sentimientos del día anterior, que tantas esperanzas me habían dado de mejorar su conducta. Mediante chantaje, amenazada con una denuncia profesional, Matilde la acompañó hasta la sala donde estaba Vito, con otros pacientes, todos en aislamiento.

A Karen no le pasó desapercibido que todos los empleados que pasaban por allí, y eran pocos, iban y venían usando guantes, mascarilla y delantal. Siempre mintiendo, le prometió a Matilde que "solo quería ver" al señor Oreppi, por última vez, antes...

La enfermera asignada para atender a Vito en ese momento era conocida por Matilde. En respuesta a su petición, autorizó una rápida visita a la cama del "rico", ya que Vittorio Grazziano Oreppi era tratado con desprecio en el hospital. Actuando con cuidado, Karen pareció tranquila hasta que entró en aislamiento y fue conducida a la presencia de la persona a la que iba a visitar. Pero ahora que lo vio con la cabeza envuelta en una gasa, con un aparato de oxígeno puesto, se arrojó sobre el paciente, en una perfecta representación del dolor e histerismo.

- ¡¿Vito, Vito, qué te hicieron?!

Las dos enfermeras la alejaron del paciente.

Vito, que hasta entonces parecía dormido, o mejor dicho, inconsciente, por no decir muerto, abrió mucho los ojos con sorpresa. Incapaz de expresarse, sus ojos casi se salen de sus órbitas. Es imposible describir o adivinar sus pensamientos.

Las empleadas, temerosos por el paciente, ante una grave crisis que un temblor generalizado indicaba que estaba a punto de ocurrir, pidieron a Karen que se fuera. Pero la joven todavía necesitaba aprobar su plan. Entre lágrimas fingidas, pero bien disimuladas, se acercó a Vito por la fuerza, venciendo los esfuerzos de las dos empleadas que intentaban sacarla de la sala.

Consiguiendo acercarse, dijo en tono conmovedor:

- No me dejes amor, si tú mueres, yo también moriré.

Ella fue removida. La enfermera a cargo prácticamente la expulsó.

Con sentido profesional, tan pronto como estuvo libre del intruso, informó del hecho a sus superiores. Apoyándose en el testimonio de Matilde, "que pasó accidentalmente por allí", narró que "la amante del señor Vito, valiéndose de subterfugios, había logrado llegar al aislamiento, y, a la fuerza, le había pronunciado unas palabras histéricas, provocando una "crisis convulsiva en el paciente."

- ¿Amante? - Preguntó la jefa de enfermeras.

– Sí – respondieron ambas. Matilde detalló:

– La conozco de vista. Su nombre es Karen. Se dice que es la amante del señor Vito desde hace algunos meses.

– ¿Qué?

– Así es, probablemente también esté infectada.

– ¡Dios mío! – Exclamaron las dos compañeras de Matilde.

– Sí, amenazó con denunciar a la prensa que el hospital y las autoridades no dijeron la verdad sobre Vito; es decir, que intentó suicidarse porque tenía SIDA.

– ¿Cuándo hizo esa amenaza?

– Cuando logré sacarla del recinto del hospital – mintió Matilde, para protegerse –. Como era una conocida mía, también me amenazó con chantajearme delante de la junta.

Allí mismo se preparó un informe para la junta, respecto al grave incidente. De común acuerdo entre las tres empleadas quedó claro que todos los procedimientos tenían como objetivo proteger la salud del paciente, así como la idoneidad del hospital.

Al día siguiente, Karen regresó al hospital donde ingresaron a Vito. Esta vez desconocía la presencia de Matilde. En la recepción indicó que quería hablar urgentemente con el señor Vito. La recepcionista, ya instruida, consultó a la dirección. Uno de los directores llegó a la recepción y se presentó:

– Buenas tardes señorita. Soy el Doctor Marcos, Jefe del área de infectología. Por favor sígame.

Karen lo siguió. Al entrar ambos en una sala de consulta, vacía a esa hora, Marcos fue directo al grano:

– Conociendo su grado de intimidad con el señor Vito, creo debo informarle que la familia no permite visitas.

Karen estaba preparada. Respondió con calma:

– Mi familia no me gobierna. Vito y yo, solo los dos, podemos decidir qué hacer con nuestras vidas.

- Pero ni siquiera puede hablar.

- Lo sé.

En este punto, abreviando duramente su objetivo, Karen apeló:

- ¿Sabe por qué intentó suicidarse?

Marcos todavía intentó disimular:

- Quizás por problemas comerciales.

- Nada de eso, fue porque sabía que iba a morir cruelmente.

- ¡¿Cómo así?!

- Ahora, Doctor, ¿a quién cree que está engañando? Quitémosle a este caso la máscara que nos puso este hospital. Vito tiene SIDA. Lo sé porque él me lo dijo. Nuestra relación es reciente. Tomó precauciones conmigo, ya que ni siquiera le permitiría tener una relación más íntima sin las precauciones necesarias. Ni con él, ni con nadie.

Marcos estaba avergonzado. Pensó:

- "Qué vergüenza, guapa, joven y promiscua."

Karen reveló su vergüenza:

- Solo quiero verlo para transmitirle un mensaje muy importante que le ayudará a morir en paz. Si no puedo darle el mensaje directamente, iré con sus padres y su hermano Gino y le contaré todo. Una vez que la familia se entere, todo lo que pase será responsabilidad suya y de este hospital.

- ¿Saber qué?

- Llévame con él y lo descubrirás.

Marcos consideró que, por precaución, para evitar cualquier escándalo, por orden expresa de la familia, lo mejor sería llevarla al paciente. Karen se sorprendió al volver a ver a Vito. En apenas unos días había perdido un peso alarmante. Rasgos verticales, sudor profuso, grandes manchas rojas en la frente, algunas infectadas. Los mismos dispositivos conectados. Los ojos, solo los ojos, mostraban un gran anhelo, un gran dolor, un miedo terrible. Precisamente en ese momento se encontraba en uno de los raros paréntesis en la comprensión del mundo que lo rodea. Karen, equipada con guantes, mascarilla, gorro y delantal, cuyo uso había determinado Marcos, estando él mismo equipado de esa manera, se acercó a Vito. Acercándose lo suficiente, murmuró:

– Vito, presta atención a lo que te voy a decir. Aurélia está muy mal. Solo le quedan unos días de vida...

Conmoviendo al médico, tan acostumbrado a la tristeza, Vito derramó abundantes lágrimas. Era una señal clara que había entendido lo que decía Karen. Karen también se sorprendió por la reacción a sus palabras. Su corazón asimiló la angustia del paciente, y ella misma, por primera vez sin pretenderlo, no pudo evitar llorar dolorosamente.

Tan expresivos que los ojos de Vito parecieron preguntar:

– "¿Y mis hijitos?"

Karen captó la angustia. Informado:

– Los niños están bien.

Vito, sollozando nerviosamente, empezó a temblar. en un gesto

Espontánea, absolutamente sin guion, Karen puso su mano suavemente sobre su frente. Vito se calmó. Karen recuperó el control emocional y completó su maquiavélico plan:

– Yo me ocuparé de Aurélia y de los niños.

No fue una pregunta. Fue una decisión. Así lo entendieron Marcos y Vito. Solo para oficializar el consentimiento, contar con el precioso testimonio de una directora de hospital, Karen, con aire piadoso, explicó:..

– El fin de Aurélia, con la misma enfermedad que tú, infelizmente será en breve. Me quedaré con ella hasta el final y con los niños hasta que crezcan.

Entre falsos sollozos añadió:

– Pero solo haré esto si tú lo consientes. Tu esposa no necesita descubrir más sobre Aurélia. Se lo diré a Gino y le pediré que guarde el secreto. Él me ayudará.

Marcos entendió de qué se trataba, otra amante de Vito, madre de sus hijos ilegítimos; también con SIDA, en estado terminal, y esa chica, quizás su actual amante, prometió amablemente hacerse cargo de la segunda familia de Vito, sin que su familia lo supiera.

Oreppis...

Vito abrió mucho los ojos, en el movimiento más expresivo que jamás había visto su cerebro, dañado por el disparo, todavía se lo permitió. Atormentado por la idea de "morir en vida" a causa del SIDA, intentó suicidarse, pero fracasó. Antes del desafortunado intento, hacía algún tiempo que me sentía débil, con abundantes sudores nocturnos e inapetencia. Como Aurélia presentaba los mismos síntomas, además de problemas respiratorios, ambos fueron sometidos a exámenes médicos. Aurélia, por consejo médico, permaneció ingresada en el hospital para recibir tratamiento, ya que su estado clínico era más grave. Pruebas de laboratorio posteriores confirmaron la gravedad de su estado de salud general. Los médicos llamaron a Vito y le avisaron, recomendándole que se sometiera también a otras pruebas más detalladas, ya que las primeras no habían revelado nada. Con asombro, él y Aurélia fueron enviados a hacerse análisis de sangre específicos, cuyo resultado conoció pocas horas antes de conocer a Karen: ambos estaban infectados con el virus del SIDA. ¡Seropositivo! Sin razonar sobre las consecuencias, decidió poner fin a su vida, evitando así "vergüenza y dolor, para él y su familia." Ahora su angustia era indescriptible, pues ya no podía moverse ni hablar. Sabía que el final se acercaba rápidamente. Vivía con horribles pesadillas desde el intento fallido. Se sabe que la inmunodeficiencia, en fase terminal, desencadena estados de demencia, en crisis periódicas.

Vito, solo en unos pequeños espacios cotidianos, logró reunir algunas ideas. Entre pensamientos perturbados, se dio cuenta que Aurélia estaría en las mismas condiciones. Los dos pequeños hijos que tuvo con ella, ¿qué sería de ellos? Los amaba mucho a todos, Aurélia era quien le había dado otros dos hijos de su corazón, víctimas de los tortuosos caminos del destino, condenados a la sombra social, al perverso anonimato paternal. ¿Cómo solucionar todo eso? No le importaban su esposa ni sus hijos que llevaban su nombre. Sabía que estaban protegidos por el legado que les dejaría. Mayor que el dolor que sintió al saberse paralizado y sin voz, fue la angustia de pensar:

– "¿Qué pasará con Aurélia y los otros dos niños? ¿Qué podemos hacer para protegerlos?"

Todos estos tormentos sumaron el dolor moral al dolor físico cada vez más cruel. Sin darse cuenta de cómo, milagrosamente, apareció ahora ante su presencia esa hermosa muchacha, cuya belleza, de hecho, tanto lo había impresionado hacía unos días, allí en la sede de la planta, exponiendo todo su secreto, haciéndole señas con la solución a su angustia. Incrédulo, siempre se había distanciado de cualquier religión. Pero aun así, todo lo que escuchó de Karen pareció "caer del cielo."

Marcos, práctico, se acercó a él y le propuso:

– Señor Oreppi, si está de acuerdo, parpadee tres veces.

Vito parpadeó tres veces. Marcos preguntó:

– ¿Quieres que esta chica te ayude?

La reacción de Vito fue la misma, un triple parpadeo.

– ¿Quieres que ella resuelva las cosas, como acaba de ofrecer?

Vito parpadeó enérgicamente tres veces más. Marcos pensó que lo mejor era poner fin a la insólita visita. Se despidió de Vito y, suave, pero seguramente, tomó a Karen del brazo y la condujo fuera de la habitación. Karen se sintió conmovida por la tragedia en la que se había visto envuelta. Con gran malestar por los últimos momentos que acababa de vivir, lloró sin ningún esfuerzo, con las lágrimas brotando espontáneamente. Se le pasó por la cabeza rendirse a todo.

Al darme cuenta de su intención, me acerqué a ella y, cuando estaba a punto de entrar, animándola a arrepentirse, de repente me vi obstaculizado en la acción, siendo atacado por los consejeros espirituales que tanto la habían desequilibrado. Gritaron que todo iba muy bien y que se acercaba el momento glorioso en el que se haría rica. Los escuché.

CALENTANDO EL CALDERO

Karen llamó a Gino. Ella lo invitó a visitarla en su casa, diciendo que quería contarle datos muy importantes sobre Vito. Dijo que era muy urgente. Cuando Gino llegó a la modesta casa de Karen, en un lujoso vehículo, conducido por él mismo, los vecinos se miraron con curiosidad.

Karen había informado a su madre, doña Perla, que "alguien de la casa" vendría a recibir a la familia. Acompañado por Karen, entró Gino y tras saludar a la señora Perla, lo invitó a sentarse.

Perla los dejó en paz. Karen fue directa al grano:

– Tu hermano tiene SIDA. Por eso intentó suicidarse. Acabo de llegar del hospital y "decidimos" que solo tú conoces su secreto.

– ¡¿Secreto?!

– Sí. Vito tiene otra familia.

– ¿Cómo sabes que tiene SIDA?

– Te lo explicaré más tarde. Ahora lo importante es lidiar con Aurélia, su otra amante, con quien tiene dos hijos, uno de dos años y otro de casi un año.

Una puñalada ya no le habría hecho daño a Gino. "Otra" significaba que había más de un amante. Y, si Aurélia fuera una, la otra sería Karen. El shock emocional fue muy duro. Temblando, controlándose con dificultad, preguntó:

– ¿Conoces a Aurélia?

– Sí, la visité en el hospital donde está internada.

– ¡Dios mío!

– Así es. Aurélia pronto morirá, también víctima del SIDA, que tu hermano le transmitió. La casa en la que viven es alquilada. Hay gastos a pagar, de alquiler, de la tienda y de farmacia. En cuanto a los niños, "todavía no sabemos" si están infectados. "Decidimos" que cuidaré de Aurélia hasta que muera y luego de los niños hasta que sean adultos.

Mirando directamente a los ojos de Gino, disparó al que consideraba había dado el "torpedo mortal"; es decir, había comenzado a conseguir la llave que le abriría la fortuna de Oreppis:

– Vito pidió que me ayudaras con esta difícil tarea y que nadie lo sepa.

Gino sintió un gran letargo mental que casi le impidió razonar. La facilidad con la que Karen informó reveló el grado de intimidad entre ella y su hermano. Pensar en "el secreto de la familia", tan trágico, fue el sobrepeso aun más cruel, tal vez Marlene, la esposa de Vito, aunque alejada de él desde hace algún tiempo, también quedó contaminada. Y, a juzgar por las palabras de Karen, ella desconocía la infidelidad y la enfermedad mortal de Vito. Sus padres, ¿cómo reaccionarían si todos esos hechos salieran a la luz? ¿Cuánto tiempo sería posible ocultar una realidad tan dramática? Sin embargo, lo que más le dolió fue la cruel duda, una pequeña duda, de hecho, sobre lo que Karen representaba en la vida de Vito. Eso es porque desde que la conoció, no había podido olvidarla, precisamente, por su deslumbrante belleza, pero también porque, en el fondo, una chispa había encendido su alma, calentándola con presentimientos, deseos y sueños. Pasión, tal vez. Amor, ciertamente..

Cuando lo invitaron a visitarla, estaba formulando, por enésima vez, un plan para volver a tenerla con él. O, al menos, cerca. ¿Quizás podría darle el puesto de secretaria, ya que no era un trabajo que había venido a buscar en la planta? ¿No era eso exactamente lo que Rita le había dicho?

¿O era simplemente un disfraz para acercarse a Vito, un disfraz pactado de común acuerdo con ella? Necesitaba saber todas esas respuestas, de lo contrario perdería la paz. Reconoció que, para él, Karen ya se estaba convirtiendo en una obsesión.

- "Una dulce obsesión" - concluyó en sus pensamientos.

Karen amablemente le trajo un vaso de agua. Tomó un sorbo.

Dejó el vaso sobre la mesa. En arrobamiento, tomó las manos de la joven y le confesó:

- Karen, así como me contaste un secreto, te voy a revelar otro, estoy enamorado.

Karen sintió una punzada en el pecho. No esperaba eso. De repente, algo le dijo que si a ese joven le gustaba otra mujer, todo su plan se desmoronaría.

En un segundo, las dudas invadieron su mente:

- "Bueno, entonces, ¿no tenía la intención de utilizarlo como medio de conexión entre ella y la fortuna de Oreppis? Seduciéndolo, lo que ya le parecía fácil, podría moverse en el mundo de los ricos."

Le temblaban las manos, será emoción por lo que dijo sobre Aurélia y Vito.

- "¿Cómo voy a conseguir lo que quiero, sin que él y sus hijos con Vito lo consigan?"

Ni siquiera se preocupaba por esas tres desafortunadas criaturas, ya que, de hecho, nunca se había preocupado por nadie más que por ella misma.

Temblando y con gran malestar íntimo, Gino se separó de las manos de Karen. Se resistía a abrir su corazón a aquella joven que había despertado en él un sueño de felicidad que durante mucho tiempo había considerado lejano.

Karen pasó suavemente sus manos por el rostro del hombre que tenía frente a ella y, sin decir palabra, solo con el brillo de sus ojos, lo animó a abrir su corazón.

Los espíritus que estaban con ella permanecieron a la expectativa.

Gino, tomando coraje por primera vez en su vida, hizo a un lado la pantalla íntima que tantas mujeres habían intentado en vano mover para ver sus sueños, sus emociones, si era posible su propia alma. Le contó su secreto. Sin vanidad y con mucha cautela en los detalles, habló de su vida. Era el más joven de los Oreppis. Había acumulado experiencias fallidas en el campo del afecto, porque al ser soltero era muy codiciado por la gente del círculo social alto. Se sentía como un zorro en las costas británicas, con decenas de nobles siguiéndolo, felices y relajados, bien equipados para cazar.

Karen quedó perturbada por la narración, cuando Gino la interrumpió, mirando durante largos momentos a un punto indefinido.

Ella no podía conocer los pensamientos de Gino, los cuales pude captar: También en la intimidad de las paredes millonarias, que abrió gritó el Oreppis, no podía encontrar la paz.

Hacía casi tres años, de forma absolutamente inesperada e impactante, recibió un sobre cerrado, muy perfumado, de manos de un mensajero desconocido que, tras entregarlo, desapareció.

Cuando abrió el misterioso sobre, no entendió su contenido, solo poesía. Leyó:

DOLOR SUPREMO

(António Dos Reis Carvalho)

Dicen que amar sin ser amado también es la mayor desgracia de todas,
Y es la amarga copa de la decepción la que ha envenenado a la mayoría de los corazones.
El amante sufre, piensa alucinando,
Por el afán de un deseo que no pasa...
Para calmarlo, todo lo que hace es en vano,
Nada consuela al amor desengañado.
Sin embargo, aun existe un dolor mayor,
Dolor sin remedio, dolor que nunca termina,
Y vaya balde en el pecho que nos asfixiamos.

Es el dolor de amar y ser amado, de tener que silenciar el amor que nos devora, de no poder nunca decir que nos amamos.[5]

A pie de página, una frase ligera:

"*El poeta leyó mi corazón. ¿Habría leído el tuyo?*"

Ya no pensaba más en la poesía y en el remitente anónimo, cuando un mes después lo sorprendió una coincidencia muy intrigante, la esposa de Vito, Marlene, a quien siempre le había dado el mayor respeto y un gran cariño, ya que fue el padrino de su boda, se le acercó en una reunión familiar. En el aire que rodeaba a Marlene, un perfume, Gino instantáneamente lo identificó como el misterioso sobre con la poesía.

Intrigado, miró directamente a los ojos de Marlene, buscando una posible confirmación. No notó nada. Marlene estaba la misma de siempre, cordial, nada más.

Una segunda carta anónima, pocos días después, decía lacónicamente:

– "*Vi en tus ojos el amor por mí y como era un sueño imposible, no te dejé ver lo mismo en los míos.*"

Avergonzado, adivinó quién había escrito, Marlene.

No pasó mucho tiempo para que Vito, en un encuentro íntimo, informara a sus padres y a su hermano que Marlene y él ya no vivían juntos como marido y mujer. Habían decidido no divorciarse para no perturbar la educación de sus hijos y también para evitar posibles daños comerciales por parte de los Oreppi. De mutuo acuerdo, acordaron mantener únicamente las apariencias, incluso delante de sus hijos. Cuando crecieran un poco más, entonces se formalizaría la separación. Vito, que viajaba internacionalmente por negocios, no fue fiel a su esposa. Con

---

[5] N.E. Antônio dos Reis Carvalho, escritor, periodista y poeta brasileño – 1874/1946.

euforia, cada viaje traía excelentes contratos a la planta y apatía al hogar.

A solas con Gino, narró sus andanzas empresariales y sus aventuras extramatrimoniales. Al ser reprendido por su hermano por esto, dejó de confiar en él. Decidió no volver a contarle sus actos ilícitos, con mujeres de prácticamente todos los países que visitaba, compañeras de salidas nocturnas que nunca volvería a ver, porque al regresar a ese país repetía las orgías, pero siempre asociaciones diversificadas.

Marlene aguantó el abandono todo lo que pudo. Ya no pudo resistir los tormentos de "ser viuda con un marido vivo", como le contó a su suegra.

Doña Lízzia, intransigente, la reprendió:

– "Bueno, entonces, ¿tu hijo Vito no era un *'bambino d'oro'*? Pobrecito, suicidándose por el bien de todos los Oreppis, incluido él que llegó último y fichó a Oreppi, sin tener sangre de Oreppi – refiriéndose a la nuera quejosa. Y la mujer no lo ayuda."

Vito, cuya salud no era muy buena últimamente, siempre confiando en Gino, le dijo que fue en ese momento cuando se enamoró de Aurélia, su conocida de su época de soltero. De esta unión nacieron dos hijos. Ahora, sufriendo constantes crisis respiratorias, seguidas de fiebre alta, buscó a sus padres, explicándoles que quería formar una nueva familia que ya tenía, pero fue amenazado por ellos con desheredarlo.

Gino había guardado el secreto de su hermano, que solo él, la familia, sabía. De hecho, a petición de Vito, visitaba a Marlene de vez en cuando, respetuosamente, entrando solo en casa de su cuñada cuando sus sobrinos estaban en casa. Durante una de estas visitas, los sobrinos salieron por unos instantes a divertirse frente a casa con sus amiguitos. Tan pronto como estuvieron solos, Marlene rompió a llorar.

Mientras la apoyaba, Gino quedó sorprendido por el apasionado abrazo y el sensual beso que recibió durante dos o tres segundos por parte de su cuñada.

Se liberó rápidamente. Marlene tenía todo en sus ojos el sentimiento de un corazón desesperado por la soledad y por las llamadas sin respuesta de su cuerpo de mujer normal. Es más, ella le confesó que siempre lo había admirado, inicialmente, como cuñada y amiga.

Gino entendió que por el desprecio de Vito, su ex esposa empezó a verlo como un hombre y ya no solo como un cuñado o un amigo. Para ella, esos sentimientos no tardaron mucho y sus legítimos deseos, como esposa, se dirigieron obsesivamente a la dirección equivocada: su cuñado. Se miraron asombrados. Gino, sorprendido. Marlene, frustrada.

– ¡¿No me amas, Gino?!

– Marlene, te valoro como amiga y como hermana. Es así que siempre...

No pudo continuar. Marlene, humillada y furiosa, lo miró con brasas en los ojos, reemplazando las lágrimas y la angustia de antes, sin despedirse, casi corriendo, fue a encerrarse en el baño.

Todos estos recuerdos pasaron por la mente de Gino a una velocidad increíble. Consideró prudente no mencionárselo a Karen.

Mirándola intensamente, se limitó a añadir:

– La felicidad para mí tendría un precio muy alto.

Se refería, enigmáticamente, a una probable traición que Vito cometería si le entregaba a esa deslumbrante joven la llave de su corazón.

Pero eso es exactamente lo que quería hacer.

– "¿Karen será mía algún día? – pensó angustiado –. ¿Tendré esta oportunidad? ¿Será justo hacerle esto a Vito, hasta su muerte?"

Buscando y temiendo respuestas, se puso de pie, tratando de salir.

Reflexionó:

– "Me siento como si hubiera entrado en un caldero, que cada vez está más caliente."

Al escuchar la narración de Gino, Karen todavía tenía opresión en el alma, en ningún momento él había dicho una sola palabra sobre lo que sentía por ella.

Fue cuando los espíritus que la acompañaban y que simultáneamente conmigo captaron esta leve angustia y actuaron rápidamente. Sin perder tiempo, se acercaron a ella en un abrazo nefasto, produciéndose inmediatamente una simbiosis fluidica. Sin la menor dificultad le hicieron pensar que si el chico le había contado todo eso era porque estaba enamorado de ella, ya que nadie confía así en un extraño. Y añadieron:

– "Otro Oreppi, muy inteligente."

Es sorprendente cómo cambió la actitud mental de Karen. Retomando el control de sus emociones, pensamientos y palabras, tomó delicadamente las manos de Gino y le dijo:

– ¡Oh! Gino, como me gustaría poder ayudarte.

El joven, envuelto en el aura de los recuerdos infelices y de la muerte inminente de su hermano, tenía el corazón desprotegido. El suave tacto de las manos de Karen, su presencia de mujer comprensiva, el ambiente de apoyo y otros sentimientos indefinibles, rompieron todas las barreras impuestas por Gino al amor. Sin dominar las palabras, que expresaban ilusiones del pasado, decepciones del presente y deseos de futuro, se acercó a ella.

– Karen, sé sincera – dijo sin miedo y con mayor esperanza –, entre tú y mi hermano...

Karen fue preparada y apoyada por los consejeros invisibles. Ni siquiera dejó que Gino concluyera:

– Gino, ven conmigo.

Ella se levantó y, tomándolo de la mano, lo llevó a la cocina. Abrió el pequeño armario de comida y descubrió varios vasos y los mostró, estaban vacíos. Abrió el frigorífico dejando a la vista solo un litro de agua, dos o tres tomates y algunas verduras. Al lado, sin entender lo que estaba viendo, la madre de Karen estaba planchando ropa. Mucha ropa, tres montones enormes.

– Son de tres casas – dijo Karen, casi sin voz – que mi madre atiende, para que podamos comer.

Regresó al pequeño salón y completó el cuadro de pobreza:

– Papá está enfermo. No trabaja. Necesita tratamiento especializado, de lo contrario morirá pronto, también.

El "también" fue intencionado, introduciendo a Vito en la conversación.

Gino estaba sorprendido y muy avergonzado.

Karen explicó:

– ¿Cuándo un hombre y una mujer tienen una relación? Todo el mundo piensa que es por sexo o por dinero.

Llorando, exclamó:,.

– Entre Vito y yo, por mi parte, fue por comida y remedios.

Gino, extasiado, incluso feliz de haber respondido a la desgarradora pregunta íntima sobre su hermano y Karen, liberó todos sus pensamientos.

Abrazando a Karen, le susurró al oído:

– No solo el sexo y el dinero unen a un hombre y a una mujer, el amor, Karen, al contrario, ¡los hace uno, para siempre!

Sus ojos brillaron...

Para Karen, esas palabras entraban en su alma femenina. Eran el presagio del paraíso. Nunca había sentido la misma emoción.

Sus asesores, sin entender lo que estaba pasando, habían sido rechazados, sin poder ni siquiera enfrentarse a la pareja, implicados por luces brillantes.

Gino, desde lo más profundo de su alma, trajo a sus labios los temas más importantes, palabras que nadie jamás podrá escuchar:

– ¡Yo te amo!

* * *

Desde la primera clase del curso "ángel de la guarda" invariablemente nos advirtieron sobre el "625."

De vez en cuando recomendaban el cumplimiento del "625." Nuestros instructores dijeron:

– De todas las pruebas a las que se somete el espíritu, la mansedumbre es la más difícil de experimentar, pues en la criatura humana los ecos del orgullo, la vanidad y el amor propio generan un hijo predilecto, el recato.

Complementaron:

– Ser manso implica todo un universo de progreso espiritual. Llegará el momento en que todos nuestro pudor se convierta en actos de humildad, espontáneos, entonces actuaremos en la forma que Jesús ejemplificó. Durante este tiempo estaremos experimentando el amor, en un grado suficiente para liberarnos del sufrimiento.

En una de nuestras clases, un colega y yo fuimos invitados a representar algún desacuerdo, que debería terminar resolviendo mediante el ejercicio de la mansedumbre.

Con la serenidad propia de quien sabe exactamente lo que hace, los profesores invitaron a los demás estudiantes a formar un círculo, rodeándonos a Julián, a su colega y a mí. Después de una oración, comenzó la actuación. El ambiente era sereno, pacífico. Esa fue una instrucción. Instados por los responsables, iniciamos una especie de conversación, en la que Julián era el "agresor", sometiéndome a la prueba de la mansedumbre.

Entonces sucedió:

– ¡Hola, qué alegría verte!

– Buenos días, Julián. También estoy contento con nuestro encuentro.

– ¿Dónde has estado?

– Cerca... cerca...

– ¿Qué has hecho?

– No mucho, solo estudiar.

– ¡Ah! ¿Entonces volviste a la escuela?

– Sí. Volví.

– Eh, pero ¿no habías declarado que nunca volverías a estudiar?

– ¿Yo? No lo recuerdo. Si dije algo, no fue exactamente eso.

– ¿Cómo no recordarlo? Si lo has olvidado yo no, recuerdo claramente que "juraste" que nunca más volverías a poner un pie en ese ni en ningún otro colegio.

– Espera un momento, Julián, primero, no recuerdo muy bien haber dicho que abandonaría mis estudios y tampoco recuerdo haber "jurado" nada.

– ¿Me estás llamando mentiroso?

– No es así.

– ¿Entonces, cómo es eso? Dices cosas y luego no lo admites y encima insinúas que estoy mintiendo.

– ¡¿Yo?! No estoy insinuando nada.

– Claro que lo estás. No seas cobarde.

– No soy un cobarde. ¡Nunca lo fui! Creo que tienes un problema.

– Tú eres el que tiene el problema, y está en tu cabeza.

– Mira cómo me hablas.

– Así es, sé un hombre y no un cobarde.

Bueno, aquí lo que fue solo un acto leve, de un instructivo, se vino abajo.

Algo, en el fondo, me hizo calentar mis ideas, porque noté, o al menos creí notar, "cierta sinceridad" en las palabras de Julián.

Esto fue inaceptable para mí. Pensé:

– "¿Entonces esto no es solo una lección? ¿Cómo puede estar insultándome así delante de todos?"

Tan pronto como terminé de formular este pensamiento, mi temperatura interna se levantó abruptamente y, apuntando con el dedo índice hacia Julián dije entre dientes:

– Mira, Julián, no soy débil ni mucho menos cobarde, entiende que....

Fuimos interrumpidos. Los instructores con energía tranquila, aplaudieron dos veces lo que tuvo el efecto mágico de devolverme a la normalidad.

Julián tenía los ojos muy abiertos, incrédulo ante lo que había escuchado, más por el tiempo que usé. Lo mismo hicieron los otros estudiantes, todos mirándome. Los instructores, tranquilos, como siempre. Solo yo, eufórico, aunque aminorando el paso.

Poniendo una mano en mi hombro, uno de los instructores, mirándome, bondadosamente,, dijo:

– Dios nos bendiga siempre.

Me entrené con el papel y fallé. Tan rápido como me calenté, me enfrié. No me quedó más que llorar. Aumentó el dolor en mi alma ver lágrimas en los instructores y en casi todos mis compañeros. Julián todavía estaba prácticamente en shock. Me lancé sobre él y le besé los pies pidiendo perdón.

El contraste de emociones penetró profundamente en mi corazón y me di cuenta de la tibieza de mi alma. Pensar que fue solo una lección.

Apenas pensé eso y uno de los instructores dijo:

– El "625" habría evitado el problema.

Después de una intensa reflexión, lo descubrí, eufóricamente. Fui a la biblioteca grande, donde tomé una copia de *El Libro de los Espíritus*. Pasé las páginas. Allí estaba:

Pregunta 625 – ¿Cuál es el tipo más perfecto que Dios ofreció al hombre para que le sirviera de guía y modelo?

– Ve a Jesús.

Respuesta breve, resumida y sintética. De hecho, Jesús es el modelo. ¡Para todo bien!

Al ver a Gino y Karen envueltos en el aura sublime del amor, decidí aprovechar la oportunidad para intentar una acción evangélica con sus asesores. Aunque mantenidos a distancia por el aura de amor que rodeaba a la pareja, estaban radiantes, el éxito de su plan de venganza parecía prometedor. Por primera vez me acerqué a ellos, atreviéndome a acortar la distancia entre nosotros, que hasta entonces se había mantenido prudentemente, nunca menos de seis metros aproximadamente. Debido a su entusiasmo, no me atacaron. Por lo menos, no de inmediato. Uno de ellos, que parecía ser el líder, preguntó:

– ¿Qué quieres, "luciérnaga"?

Luciérnaga fue el apodo que me pusieron, del cual siempre estaré orgulloso. De hecho, no siempre fui firme en la fe cristiana y por eso, en nuestros diversos encuentros, debieron haberme visto unas veces de una manera, otras de otra. De ahí el apodo de mis pequeñas luces, que parpadean, a veces "encendidas", a veces "apagadas."

Sin forzar nada dentro de mí, fui honesto:

– Me gustaría hablar contigo.

– ¿Hablar? ¿Sobre qué, "luciérnaga"?

– Sobre Karen.

Fue inevitable, dos de ellos se abalanzaron sobre mí y me dieron puñetazos.

No reaccioné. Aun con gran malestar, logré elevar mi pensamiento a Jesús. Al menos creo que logré pensar en Jesús. Mi falta de reacción "física" los tomó por sorpresa. Dejaron de atacarme. No creían que nadie pudiera ser atacado sin defenderse.

- "Bendita 625" - pensé.

- Ella es nuestra - dijo el líder -. No te involucres.

- Sé lo que digo. Solo estoy pensando bien en ella.

- Si quieres ayudar, déjala. Somos suficientes para darle lo que más desea...

- Estoy seguro que sí. Pero te pido que consideres si le darías a tu hija lo que le están dando a ella...

Luego la temperatura volvió a subir en el ambiente.

De repente, amenazadoramente, la cabeza de los obsesivos de Karen se apoyó contra ella y me amenazó:

- Es mejor que te apartes de nuestro camino, de lo contrario...

Al emplear enseñanzas asimiladas, desvié el carácter de la controvertida conversación:

- Está bien. Solo quería ayudar a la señorita y, si quisieras, a ti también.

- ¡¿A nosotros?! ¡¿Tú?! No nos hagas reír...

- Realmente no tengo nada que ofrecer, pero sé dónde puedes encontrar una gran sorpresa, que te hará muy feliz.

Me di cuenta que la respuesta los había conmovido a todos, despertando su interés.

- ¿Dónde?

La pregunta la hicieron más de uno...

- En un ambiente en el que serán tratados como hermanos – les informé –, con cariño y respeto, pudiendo hablar de cualquier duda que tengan y pidan ayuda a los allí presentes.

- ¿Dudas? No tenemos dudas, luciérnaga. Tenemos certeza. Lo que hacemos, lo hacemos con convicción. Nos trataron cruelmente y no podemos dejar las cosas así.

Por primera vez vi un brillo en sus rostros, cuando el líder exclamó:

- ¿Y nuestras familias? ¿Sabes lo que hicieron con ellas? ¡¿Tú lo sabes?!

Sin dejarme sorprender por el doloroso arrebato en forma de pregunta, busqué inspiración en Jesús y respondí:

- En este lugar al que pienso llevarlos podrán ver cómo les va a sus familias.

Capté su creciente interés. Se miraron incrédulos.

Fijé mis pensamientos en Jesús e interiormente dije una oración por el bien de aquellos hermanos que sufrían.

Algo de mí los sorprendió, pues mirándome comentaron:

- No te estás apagando, has dejado de parpadear – comentaron en tono tranquilo y de admiración –. "Luciérnaga", lo que más queremos es ver a nuestras familias. ¿Estás seguro que puedes llevarnos hasta ellos?

- No puedo prometerte que verás a tus familiares – respondí conscientemente –, pero sí te prometo una cosa: quien cuida el entorno al que pretendo llevarte está en condiciones de darte noticias sobre ellos.

- ¿Dónde está este entorno?

- Es un lugar humilde, justo aquí en esta ciudad.

- ¿Quién es el dueño del lugar?

Les di una gran sorpresa:

- El responsable está justo delante de nosotros.

– ¡¿Él?! – Quedaron asombrados.

– Sí, él, Gino Oreppi, es el actual presidente del Centro Espírita Samaritanos, que los invito a visitar.

Gino llevaba años asistiendo a "Samaritanos", siendo su presidente desde hacía un año. Siendo un médium psicofónico, inapropiadamente llamado de "incorporación", por algunos, participó activamente en dos reuniones mediúmnicas semanales allí. Estudioso de la Doctrina Espírita, sometió casi todas sus acciones a la moral cristiana.

Su familia no aceptó el Espiritismo. Realmente luchaba contra él.

En su ambiente laboral fueron muchos los amigos que hizo, gracias a su conducta sincera y fraterna. Muchos de sus seguidores también eran asiduos a "Samaritanos." Algunos, como él, eran médiums activos. Gino llevaba mucho tiempo alimentando una idea: construir un proyecto de asistencia para atender a los miles de empleados y sus familias, de todas las empresas del Grupo Oreppi. Había un gran almacén en la planta que estaba desactivado hacía mucho tiempo. Gino, después de mucha reflexión, había elegido ese edificio abandonado para renovarlo y establecer una clínica ambulatoria, una guardería y una escuela. Para ello realizó algunos estudios, consultó a ingenieros amigos y logró aprobar un plan de renovación en la Dirección Municipal de Obras.

Convenció a Vito y a sus padres que la obra, una vez terminada, sería de gran valor para el Grupo Oreppi y justificaría plenamente la inversión necesaria. En el análisis "costo- beneficio", la obra permitiría una mayor asistencia de los trabajadores, tranquilizándolos sobre la asistencia que podrían brindar a sus familias. Incluso el ambulatorio, transformándose en un mini-hospital, evitaría enormes gastos de transporte a los hospitales. La guardería que se instalará allí atenderá a los niños, liberando a las madres que quisieran trabajar.

Las obras de renovación y adecuación finalizaron apenas ocurrió la abrupta tragedia con Vito.

Gino sintió que se enfrentaba a hechos importantes, cuyas raíces se remontaban a un pasado lejano e inexpugnable. El amor lo contempló, en la persona de Karen. Pero los pensamientos fueron controvertidos.

– "¿Qué les deparaba el futuro? ¿Cómo explicar que esa criatura que tanto le hablaba al corazón apareciera justo ahora, en el momento álgido de la tragedia con Vito? ¿Por qué la vida había hecho que Karen pasara primero por el espacio físico– espiritual de Vito y solo después invadiera el suyo?

Espírita convencido, sabía que las redes del destino no son más que el resultado de acontecimientos que cada criatura promueve, en las diversas ocasiones en que el espíritu, amparado por el periespíritu, se reviste de traje carnal y se sumerge en la vida material. Tales inmersiones, reencarnaciones, nunca ocurren por placer de quien emprende el viaje terrenal, sino obedientes a una planificación precisa; tendiendo siempre a proporcionar evolución moral, de alcance integral a un grupo de espíritus y no solo al que reencarna; de esto se puede inferir que quien los planifica tiene alta competencia, además de iluminación espiritual, y los mecanismos de reencarnación obedecen a la Ley Moral de la Evolución. Así es la ley. Ley divina.

– "No hay efecto sin causa – pensó Gino –, y siendo Dios la justicia suprema, ninguna aflicción alcanza al inocente. Mi hermano despreció el don de la vida y utilizó erróneamente el libre albedrío para cambiar la dirección de su viaje. El intento de suicidio fue el último eslabón de la cadena engañosa que él mismo construyó y de la que quedó cautivo."

Su mente buscaba la mejor manera de gestionar todos los posibles dramas que había desencadenado el gesto equivocado de Vito, más las terribles consecuencias de la enfermedad que la provocó.

– "Pensar que Vito – analizó con tristeza –, por su conducta disoluta, buscó voluntariamente esta enfermedad, entrando por la amplia puerta de la perdición para recorrer el espacioso camino de los placeres fugaces."

Gino recordó estas palabras cuando recordó la advertencia de Jesús, citada por Mateo (7:13-14), sobre la "puerta estrecha." Un intenso foco de luz brilló sobre su silueta. Pronto, a su lado, vi a Letes.

– "¡¿Letes aquí?!" – pensé.

– Buenos días hermano – respondió –. Siendo asistente de Florêncio, normalmente asisto solo a los lugares donde él me aconseja.

– ¡¿Eres el tutor de Gino?! – No pude contener la curiosidad.

– No diría que soy su tutor. Al contrario, casi siempre es él quien me ayuda.

– ¿Un encarnado?

– Sí. Florêncio es el guardián de la familia Oreppi. En cuanto a Gino, gracias a sus buenos sentimientos, de vez en cuando, en tiempos difíciles, se convierte en el "ángel de la guarda" de alguno de ellos.

– ¿"Ángel de la guarda" encarnado? – Insistí.

– ¿Por qué no? Florêncio me dijo, cuando me invitó a trabajar con él, que tendríamos en Gino un gran aliado, facilitando siempre la tarea de apoyar a los Oreppi.

– Florêncio dedica la mayor parte de su tiempo – añadió para aclarar mis dudas de una vez por todas –, a los padres de Gino, a Vito y a su familia. Yo solo ayudo.

Un tanto desconcertado, pregunté sin malicia; es decir, sin vana curiosidad.

– ¿Cuál de las familias de Vito? – Tan pronto como hablé me arrepentí, debí haberme mordido la lengua.

Letes notó mi intención, casi angustiada, añadiendo pacientemente:

– Ambas, amigo mío... ambas.

Capté una inmensa angustia en su respuesta. Más que angustia, dolor, de esos que más duelen, que nace de la tristeza que genera la ingratitud.

Había algo profundo en el alma de ese hermano amigo frente a mí, de tan inmensa estatura.

– "¿Qué se esconde en tu alma que te duele tanto?" – Pensé.

Apenas terminé de pensar eso y él, con sencillez y confianza, explicó:

– La esposa de Vito, Marlene, es muy querida en mi corazón. De hecho, soy su ángel guardián; pero ella es testaruda y rechaza todo lo que intento hacer para ayudarla; mi presencia la repele de tal manera que le pedí varias veces a Florêncio que me desconectara y me trasladara lejos.

Mi asombro fue enorme.

– ¡¿Puede el "ángel de la guarda" rendirse?!

– Florêncio dijo que respetaría mi libre albedrío – continuó Letes –, ya que esto es parte de la Ley Moral que concede tal bendición a todos los hijos de Dios. Solo sugirió que, antes de decidir, sería prudente reflexionar sobre el don celestial que nos compromete en tareas difíciles, especialmente aquellas templadas por el ácido de la ingratitud. ¿Sabes lo que me enseñó Florêncio y por eso nunca más pensaré en renunciar a tareas difíciles? Que vencer en estas condiciones será siempre imitar a Cristo. Cuando reconsideré y decidí quedarme, solo entonces Florêncio me informó que Marlene, en este momento, está bajo una tormenta espiritual. Bajo el yugo de malas compañías espirituales, trama un gran escándalo. Cree que tiene la misma enfermedad que Vito. Imagínate lo que podría pasar ahí fuera.

Al instante reflexioné:

– "Karen tiene compañías oscuras, Vito está rodeado de muchas otras, ahora, es Marlene quien está aliada con entidades infelices. Dios mío, cuántos enemigos están vinculados a los Oreppis."

Letes aumentó mi asombro, informando además:

– Marlene ha estado pensando en suicidarse después de quitarle la vida a sus hijos. Para ella, la vergüenza social y el sufrimiento físico que traerá la enfermedad serán insoportables. Pensando en solucionar el problema, en realidad está a punto de inaugurar otra tragedia, para ella y para todos los Oreppis, cuya amplitud en el dolor, para el rescate, se proyecta con siglos de anticipación. Y eso no es todo, cuando el matrimonio fracasó, ella no quiso decirle a Vito que estaba embarazada. Se fue a un lugar "malvado" y cuando salió ya no tenía un niño en su vientre que la quisiera mucho. Pero empezó a traer con su alma un enemigo que la odia.

Me quedé perplejo. Si la mujer supiera quién le arrebató a un niño con la esperanza de ver el Sol y vivir, quién destruyó durante mucho tiempo el futuro de dos espíritus, el suyo y el otro, ¡seguramente no lo volvería a hacer!

Desde la continuación de su vida terrena, esta madre ya no tendrá tranquilidad y, al fallecer, puede encontrar una feroz revuelta por parte de la víctima del aborto. El que podría ser su hijo amado, en la mayoría de los casos, se vuelve vengativo, insensible. Esta misma mujer probablemente tendrá dificultades en vidas futuras, en cuanto a la maternidad, padeciendo a menudo trastornos genéticos. Dolor, mucho dolor moral, por la maternidad que la naturaleza le niega, dolor físico, por enfermedades en el perímetro uterino y órganos afines, y no solo a ella se le puede responsabilizar de cien abortos, quizás ni cinco solitarios en la mayoría de los casos, muchos son los que se confabulan con este bárbaro crimen, partiendo el futuro padre, las familias implicadas, los mal llamados "profesionales" y la propia sociedad.

La misión de aquella compañera era infinitamente más difícil que la mía, si Karen no me escuchaba tampoco me repelía; Karen quería vivir, Marlene quería matar y morir, de hecho, al abortar ya había cometido un asesinato, ¡el más cruel de todos! Decidí hacer todo lo posible para ayudar a Letes.

- Recibí instrucciones de Florêncio para presentarme ante ti – una vez más me sorprendió –, trabajar juntos para ayudar a la familia de Vito. Su enfermedad, además de perturbar su actual viaje terrenal, está poniendo en riesgo el proceso de reencarnación de sus familiares. De hecho, el hecho que Karen precipite su acercamiento a los Oreppis añade otro ingrediente imprudente a la ya compleja situación. Entonces, seré tu ayuda, si por casualidad aceptas.

- "Hacer equipo con Letes será genial – pensé.

Mostrando algo de cuidado con las palabras, pero sonriendo, agregué:

- Me alegra mucho que te asignaran a trabajar juntos, porque desde que le di el mensaje de Sangiorgio, en el puerto, ya había un plan para que uniéramos fuerzas a favor de los Oreppis de ayer, que son los mismos que hoy.

Casi me caigo hacia atrás, ¡así que Letes era ese humilde médium y yo era el "gran" capitán del barco!

- "Dios santo, que equivocados estamos, como ya dijo Jesús, que el que se hace pequeño en la tierra, será grande en el reino de los cielos", como registró Mateo en su Evangelio, en el capítulo 18: 1- 5.

Abracé a Letes durante mucho tiempo. Teníamos la sensación de dos pájaros, muy lejanos, que se reencuentran en las alturas del cielo y deciden que, de ahora en adelante, su vuelo nunca más será solitario, teniendo siempre un amigo a su lado.

Letes me explicó que asumió la forma periespiritual que yo estaba viendo, por sugerencia de Florêncio, que se cumpliría la misión que más le convenía.

Gino, al declarar su amor a Karen, registró espiritualmente la presencia de Letes. Se sintió fortalecido en las acciones que estaba tomando. Después de unos momentos más de reflexión, de pensar en el Maestro Jesús, se dirigió pensativamente a Karen.

– Dios te colocó con nuestra familia y doy gracias al Padre por eso.

A Karen le gustó lo que escuchó. Los espíritus que la ayudaron también. Y yo, porque conocía las intenciones de Gino. De hecho, siguió hablando más desde el corazón:

– Siento que de alguna manera nuestros destinos están en un cruce. Cada uno de nosotros puede tomar más de una dirección y podemos elegir ir juntos o por separado. No sé qué nos tiene reservado Dios, o mejor dicho, qué tarea debemos cumplir, pero en este momento te invito a que me acompañes durante mucho tiempo – añadió con ternura.

Karen se levantó y tomó las manos de Gino, quien también se levantó.

Ella se puso de pie y, apoyando la cabeza en su pecho, lo abrazó conmovida. Quedó embelesada por los fuertes latidos que escuchó. Una sensación de paz, seguridad y felicidad la invadió.

Sus auras se mezclaron, uniéndose en colores brillantes.

Labios y corazones unidos, intercambiaron un beso impulsivo.

– Desde que te vi me pregunté si nuestras vidas habían sido dadas por Dios para unirnos – confesó Gino –. Ahora estoy seguro. ¡Quiero verte todos los días de mi vida!

– Yo también, Gino – Karen le devolvió la confesión –. No sé si podría pasar un día sin ti, a partir de hoy.

Comparando sus pensamientos, Gino pensó "en voz alta":

– Tendremos dificultades con mamá y papá... – después de reflexionar un poco, explicó –. Si para nosotros este momento es de felicidad, para mi familia es muy delicado. Sin renunciar a nuestro futuro, creo que es mejor ser cautelosos y no revelar nuestros sentimientos por ahora. Creo que sería buena idea que te contrataran para trabajar en la planta, como asistente de trabajador social. De esta manera siempre estaremos cerca el uno del otro, ya que tengo planes de abrir una clínica ambulatoria pronto. De hecho, no será solo una clínica ambulatoria, brindaremos diversos servicios a todos nuestros empleados y sus familias.

Tomando las manos de la joven, preguntó:

– ¿Aceptas el trabajo?

Karen se dio cuenta que las palabras que había oído eran sensatas. Inmediatamente calculó que esto también era una forma de gravitar hacia una órbita cercana al mundo de Oreppis.

– "Después de estos momentos mágicos que acabo de vivir, Gino nunca más me dejará, ni yo a él. Vito morirá pronto y Gino será el presidente efectivo de la planta. Si permanezco cerca de él, pronto todos lo verán, incluida la familia, que entre nosotros dos no existen solo vínculos profesionales."

– No solo acepto, sino que exijo que a partir de hoy el señor Presidente no deje de ver nunca más a la trabajadora social de la planta. Por primera vez el amor me visita. ¡Yo te amo!

Estaba siendo absolutamente sincera.

Los compañeros espirituales de Karen se acercaron a la pareja, temerosos. Desde hacía algún tiempo la habían estado aconsejando sobre los procedimientos que les permitirían vengarse de los Oreppis, y justo ahora que veían la victoria, se alarmaron por la presencia de Letes. Ni siquiera les importaba, pero con Letes las cosas eran diferentes, su tamaño por sí solo ya daba mucho miedo. Entendí el motivo de su apariencia actual.

– Vamos a hablar – Letes se dirigió a ellos, sin afectación alguna.

Para Letes hablar era lo mismo que ordenar. Ellos obedecieron. El gigante, tranquilamente, les dijo:

– Los necesitamos. ¿Por qué no nos unimos para ayudar a estas personas y a sus familias?

Ellos se miraron desconfiados. Nadie se atrevió a abrir la boca.

- "Discutir o dudar puede ser peligroso"- pensaban todos. Pedí permiso y les ofrecí:

- Sé que ustedes, en el fondo, no son malos. Fueron heridos por los Oreppis y quieren justicia. Aquí es donde radica el mayor error de todos los que actúan así, ya que la justicia solo le pertenece a Dios - emocionado por no ser interrumpido, continué:

- Piénselo, ¿quién querría tener un hijo con la enfermedad de Vito y encima con una herida de bala en la cabeza? ¿Quién querría estar en su lugar ahora? ¿O en lugar de Marlene, Aurélia y sus hijos? ¡¿Quién de nosotros?!

Letes, al escuchar mis palabras, comenzó a sollozar.

- Marlene... - tartamudeó con la voz entrecortada.

Ni yo ni los demás espíritus esperábamos esto. Gruesas lágrimas se escondían en aquel rostro de rasgos duros, hecho jamás imaginado por nosotros. Ver llorar al gigante fue algo que rompió el ambiente de desconfianza y miedo por parte de los espíritus infelices.

Cantídio, el líder de la pandilla, se movió, como si aquellas lágrimas entraran en su pecho, como un brillante rayo láser atravesando una barra de acero, había despertado en su corazón uno de los sentimientos más nobles, la lástima. De hecho, solidarizándose con el grandulón que tenía delante, y sin temerle, se acercó y lo abrazó diciéndole:

- También tengo esposa e hijos con grandes problemas. Tu dolor es el mismo que el mío. Si valgo algo, cuenta conmigo.

Los compañeros, fieles al líder, se acercaron a Letes y todos quisieron abrazarlo, lo cual se hizo en medio de lágrimas mezcladas.

Pocas veces se ve una escena con tal expresión.

- "Es una pena que casi siempre sea el dolor el que une – pensé con los ojos llorosos –, sería tan bueno si fuera solo por amor."

EL TRUENO Y LA CONSCIENCIA

La mutua declaración de amor de Gino y Karen me hizo feliz, compartiendo su alegría con ellos.

Karen, a quien no había visto desde hacía mucho tiempo dedicada a la autenticidad, ahora traía, interna y externamente, un aura agradable.

– ¿Visitamos a Vito ahora mismo? – Propuso Gino, actuando objetivamente.

No fue una pregunta, fue más que una invitación. Es difícil no aceptarla, dadas las circunstancias. Karen tembló. Inmediatamente noté que su aura perdía su naciente luminosidad, pasando a presentar tonalidades oscuras, especialmente en la región del corazón. Tenía miedo que descubrieran sus mentiras. Entonces todo estaría perdido. Justo ahora que ya había "puesto un pie dentro de la casa de Oreppis" y ya se anticipaba que sería posible "hacerse con su dinero también." Tenía la sensación que se acercaba un peligro, como tormentas eléctricas y fuertes vientos que anunciaban lluvias y tormentas.

Gino captó el repentino cambio de la joven.

– Si no quieres, no hace falta que vayas – la apoyó atentamente.

El cerebro de Karen estaba maquinando todas las posibles consecuencias de ir al hospital y ser puesta cara a cara con Vito, con Gino junto a ella.

– "¿Me va a desenmascarar? – Pensó angustiada –. ¿Qué será de mí? Gino no me perdonará. Pero tampoco puedo dar marcha atrás ¡Ahora es todo o nada!"

Se despidieron de doña Perla y fue con inmenso orgullo que la pobre joven vio la envidia de sus vecinos al subir al lujoso auto, en compañía de tan distinguido caballero.

En el camino de su casa al hospital, Karen no dijo una palabra. Estaba constantemente razonando mil sucesos posibles. En novecientos noventa y nueve de ellos, se encontró irremediablemente perdida. Vito, aunque no podía hablar, "decía" con la mirada que ella era un fraude. No habría perdón.

Gino respetó lo que consideró "una gran limitación." Su pecho estaba oprimido, también inmerso en profundas reflexiones,

– "Karen es una criatura fuerte. No sé si otra mujer, estando en su posición, tendría el valor de hacer lo que ella está haciendo. ¿Cómo reaccionará Vito cuando la vea llegar conmigo? ¿Es justo añadir más a este sufrimiento?"

– Lo pensé mejor y lo considero – dijo Gino a Karen, cuando llegaron a la puerta del hospital –, que tal vez no sería caritativo que los dos llegáramos juntos en presencia de mi hermano.

– ¡Es verdad! – Respondió Karen con firmeza, calculando esa retirada que puso en riesgo su plan, implosionándolo –. Tengo muchas ganas que Vito no vea al mismo tiempo. En lugar de hacerle daño, esto será realmente bueno, porque verá que estás de acuerdo con la ayuda que me pidió, respecto a Aurélia y los dos pequeños hijos que tiene con ella.

Era la misma Karen del pasado, a quien conocía tan bien, tenaz, con reflejos mentales ultrarrápidos, una jugadora que lo arriesga todo en un solo movimiento.

En recepción les dijeron que esperaran. Pronto el Doctor Marcos se acercó a ellos y los condujo hasta Vito. El médico al ver a Karen y Gino juntos disipó cualquier duda, realmente, esa chica era parte integral del drama en el que se encontraba la familia Oreppi.

Karen casi se desmaya. Varios testigos invisibles, incluido yo mismo, también quedamos impactados por lo que vimos. Es muy triste tener que informar del estado de Vito. Usar la palabra lamentable no sería suficiente. Porque Vito, es doloroso decirlo, se estaba pudriendo en vida. Ni siquiera los antisépticos más potentes pudieron sofocar ni disimular el insoportable olor que emanaba de su cuerpo.

Como tantos poderosos de todos los tiempos, Vito fue una elocuente víctima de la sordera moral a la advertencia de Jesús: *¿de qué le sirve a un hombre si gana el mundo entero y pierde su alma?*[6] Gino, con gran esfuerzo, mantuvo cierto equilibrio, físico y mentalmente.

Los ojos de Vito estaban vidriosos.

– Lo siento – dijo piadosamente Marcos –. Es probable que nos deje en menos de cuarenta y ocho horas.

No hubo posibilidad de diálogo entre los hermanos.

– Doctor – tartamudeó Gino –. Necesito hablar con él, aunque sea por un minuto.

– En esta fase terminal – aclaró Marcos –, suspender los sedantes sería cruel, ya que el dolor será insoportable.

Gino puso su mano derecha sobre la frente de su hermano y, entre abundantes lágrimas, elevó su pensamiento a Jesús:

– Maestro Jesús, Doctor de las almas, te busco Señor con espíritu lloroso, para pedirle una bendición especial para envolver a mi hermano. Que me hable un poco, Maestro, antes de regresar a su patria espiritual. Quiero decirle que lo amo, siempre lo he amado y siempre lo amaré. De esta manera, será un poco más fuerte para afrontar las grandes dificultades que le esperan. Eso es todo de lo que quiero hablar, si Dios lo permite.

Karen no podía soportar el doloroso clima. Por primera vez en la vida, no pensó ni sintió nada más que compasión, una profunda lástima.

Marcos, también conmovido, llevó sus pensamientos relacionados con sentimientos cristianos.

---

[6] N.E. Mateo 16:26

En ese preciso momento, Letes, los espíritus que no abandonaron a Karen y yo, estábamos extasiados con lo que vimos. Un intenso círculo de luz debidamente equipado para trabajar en el área de enfermedades infecciosas, atravesó el techo, pasó por la mano de Gino y envolvió la cabeza de Vito.

El círculo luminoso giraba a pequeña velocidad, bajo un eje imaginario. Poco a poco se fue volviendo colorido, adquiriendo diferentes tonalidades y aumentando la velocidad del movimiento giratorio. Aunque estaba en la cabeza de Vito, las luces de colores recorrieron todo su cuerpo. Incluso bajo potentes sedantes, sus ojos se movían.

Marcos pensó que se encontraba ante un milagro. Conociendo la dosis del sedante al que Vito fue sometido sabía que esa reacción no era posible. ¡No era posible, pero era real!

Sin quitar la mano de la frente de su hermano, Gino le dijo:

– Vito, mi Vito, alabado sea Nuestro Señor Jesucristo. ¡Te amo hermano!

El paciente parpadeó tres veces.

– Tres veces es sí; una vez es no – aclaró Marcos, cortés, pero servicialmente.

– No quiero cansarte – continuó Gino –, pero es necesario ya sabes que nos estamos ocupando de todo y de todos.

Vito cerró lentamente los párpados, demostrando que entendía y que eso lo calmaba.

– ¿Quieres decir algo?

– Tres parpadeos.

– ¿Sobre la planta?

– Un guiño.

– ¿Sobre mamá y papá?

– Tres parpadeos. Y una lágrima flotando en cada ojo.

– Creo que ya me imagino lo que es, los amas… – confirmó Vito. Gino continuó:

–… Y quiere pedirles perdón…

Nueva confirmación. Gino siguió:

– ¿Algo más? ¿Sobre Marlene?

Un guiño.

– ¿Sobre tus hijos?

Vito cerró los ojos y no los abrió. Gino intentó descifrar el gesto.

Karen, acercándose, sin ningún sentimiento de repulsión hacia él, puso su mano sobre el rostro de Vito y, mirándolo fijamente, le dijo a Gino:

– Hablar de Aurélia y los dos niños pequeños.

Vito abrió los ojos y miró a Karen durante un largo rato. Luego parpadeó tres veces.

– Karen – continuó Gino –, tu conocida, aquí a mi lado, es una buena chica. Me dijo que le pediste que cuidara de Aurélia y de tus pequeños y también que yo la ayudara en esta tarea.

Vito parpadeó repetidas veces, más de tres veces.

– Aurélia está muy enferma y en estado grave – Gino, en ese momento, no preguntó, simplemente informó –, tal vez no se cure, Karen es pobre y no podría ayudarla sola, sobre todo porque ella también ayuda a su familia. Como ese es tu gusto, me aseguraré que Karen cuide de Aurélia y sus hijos.

Vito confirmó.

Parpadear significativamente tres veces fue uno de los últimos esfuerzos físicos conscientes que pudo hacer el cuerpo roto. Sus lágrimas; sin embargo, como si salieran del alma, mojaron las manos de Gino y Karen, cuyo contacto no había sido interrumpido.

Gino sintió que no podía continuar, pues Vito daba señales de desmayarse y, reuniendo fuerzas, le dijo a su hermano, a modo de despedida:

– No soy nadie para comentar sobre tu vida, especialmente con Aurélia y Karen. Quiero que sepas que la ayudaré a ella y a los niños.

Tres ligeros movimientos de sus ojos cerrados confirmaron a Gino que su hermano lo había escuchado y aprobado.

– Si no te importa – añadió lealmente –, Karen y yo uniremos nuestros destinos.

Vito ya no pudo parpadear. Entró en coma profundo.

– ¡Gracias, Amigo Jesús! – Dijo Gino mirando hacia arriba. Se retiraron. Gino llevó a Karen a su residencia.

– Nos vemos nuevamente en la planta – declaró Gino cuando le preguntaron –. Por favor ven a la sede para que te contraten.

Gino, al dejar a Karen, se dirigió directo a su casa.

Aun bajo el peso de las fuertes emociones que experimentó, les contó a sus padres sobre el diagnóstico de Vito por parte del Dr. Marcos. Pospuso las noticias sobre Karen, Aurélia y sus hijos con Vito. Entre lágrimas, Lízzia y Guerino comprendieron que el fin de Vito estaba cerca.

Gino regresó a la sede de la planta y su primer paso fue decirle a la gerencia de recursos humanos que contratara a Karen como asistente de trabajadora social, trabajando en la planta. A las pocas horas recibió una llamada del doctor Marcos solicitando su presencia en el hospital. En el mismo momento respondió. Pensó que tal vez Vito estaba expirando.

Al llegar, Marcos lo tranquilizó:

– Tu hermano está en el mismo cuadro que vimos por la mañana. Te llamé aquí para hablar de medidas urgentes. Considero fundamental que sepas que esa joven, Karen, declaró que mantuvo una relación sexual con su hermano, hecho que él no confirmó. Por lo que sugiero que sea sometida inmediatamente al examen correspondiente.

Aquellas palabras tuvieron el efecto de un torpedo en el alma de Gino. Pensó rápidamente: "¿Cómo no se me había pasado esto por la cabeza antes? Dios mío, ¿y si ella también está infectada? Y ahora pienso también en los hijos de Aurélia, ¿y si ellos también? Marlene, incluso lo había olvidado, ¿podría…?"

– Marcos, por favor – pidió angustiado –, organiza los exámenes con Karen y también con los hijos de Vito, los dos sobrinos, a quienes todavía no conozco. Creo que, como médico, a ti te resultará más fácil lograrlo que a mí.

Gino le dio el número de teléfono de Karen y en qué hospital estaba internada Aurélia para informarle sobre el paradero de sus hijos. Y añadió, apenas capaz de disimular el malestar de tantos miedos que lo asaltaban:

– Intentaré convencer a Marlene, la esposa de Vito, para que se haga un examen.

– Eso lo haré con mucho gusto – asintió Marcos –. En efecto, como una obligación. Iba a hablar de estas otras personas, pero veo que tú también has pensado en ellas. Otra cosa, Gino, por favor no creas que estoy siendo entrometido con Karen, pero creo que ella puede estar en grave riesgo. Si está contaminada, sería prudente combatir la enfermedad antes que se propague por todo el cuerpo. Además, siendo tu amigo, me siento doblemente responsable de la salud de Karen, a quien entiendo que amas mucho…

Gino se conmovió. Abrazó afectuosamente a Marcos. El médico frunció el ceño.

– Lo siento Gino – dijo Marcos –, pero hay algo más grave y mucho más urgente.

– Por Dios, Marcos, ¿qué es?

Aunque estaba en un ambiente reservado, Marcos bajó la voz.

- Tus padres buscaron recientemente al director general de este hospital, el Dr. Rubens, y pidieron que se pusiera fin inmediatamente al sufrimiento de Vito.

- ¡Jesucristo! ¡No es posible!

- Sí, Gino. Cuando te llamé acababan de salir de aquí. Lamento también tener que informarte que nuestra dirección ni siquiera se enterará de esto, ya que el Dr. Rubens me informó sobre la solicitud de tus padres, solicitando mi colaboración para atenderlos, exigiendo total secreto.

- ¿Y qué vas a hacer?

- Estoy preocupado por todo esto. No es propio de mí acobardarme. Provocar la muerte de un paciente, desilusionado y con un dolor terrible, incluso desde una perspectiva piadosa, para mí no es más que cobardía. No puedo entender cómo el Dr. Rubens, a quien admiro tanto por su competencia médica, acepte la eutanasia. Las enfermedades están hechas para ser combatidas - añadió tranquilamente -, por la Medicina. Y considero que la Medicina terrenal es una gran bendición de Dios para toda la Humanidad. Si la Medicina huye de las enfermedades, abandonando esta lucha, ¿quién en este mundo la sustituirá? ¿Qué pensar de tantos benefactores que sacrificaron sus vidas en la investigación - concluyó filosofando -, buscando una cura para tantas enfermedades? ¿A qué quedarían reducidos los profesionales médicos si aceptaran la tarea de quitarle la vida a un paciente, incluso en estado terminal? Independientemente de nuestro juramento de luchar hasta el último momento para salvar vidas, ¿qué derecho tendríamos a anticipar la tumba de un hijo de Dios?

Gino sintió un gran consuelo. No se había equivocado con Marcos. Era un digno profesional y, más que eso, un buen amigo. Gino y Marcos no podían vernos ni a Letes ni a mí. Por sugerencia de Florêncio, acompañamos a Gino al hospital.

Pudimos sentir que esos dos hombres permitían ver un agradable resplandor en sus auras.

– ¿Que podemos hacer? – Preguntó Gino.

– Si me veo obligado a realizar este acto, que considero imperdonable, primero dimitiré de este hospital, ¡y quizás de la propia Medicina!

Práctico, Gino propuso una estrategia, en una hora, más o menos, estaría en servicio permanente con su hermano, evitando que cualquiera le hiciera algo.

Y así se hizo. Gino regresó a la oficina central de la planta, reunió a los directores presentes y con ellos resolvió todos los casos pendientes. Luego informó a su secretaria, Rita, que, de ser necesario, lo buscara en el hospital, donde permanecería por tiempo indefinido, asistiendo a su hermano.

Rita admiraba desde hacía tiempo al señor Gino Oreppi, "tan diferente de su jefe, aunque de la misma sangre."

– Señor Gino – ofreció notando la preocupación del nuevo jefe –, sé que quizás no me necesite, pero me gustaría ayudarlo. Cuente conmigo para cualquier acción.

– Muchas gracias Rita – agradecido por el inesperado apoyo, respondió Gino –. No olvidaré tu generosidad, en este momento difícil para mi familia y la de Vito. Mientras esté fuera de aquí, estaré tranquilo sabiendo que estás atenta a tu trabajo en la planta y manteniéndome informado de los principales acontecimientos.

– Si lo necesitas, dímelo – confirmó Rita, feliz de haber sido aceptada.

Al salir de allí, Gino regresó al hospital y buscó al Dr. Rubens.

– Doctor Rubens – fue escueto nada más contestarle –, creo que a mi hermano le queda poco tiempo de vida...

– Así es – interrumpió el doctor Rubens –. Lo siento mucho.

– Doctor Gino – siguió hablando bajito, dando consejo, intentando ayudar –. Siéntete como en casa. Tus padres ya han hablado de ello.

– Como decía – Gino fue incisivo –, ante la gravedad del estado de mi hermano, decidí quedarme con él hasta el final.

Sorprendido y algo confundido, Rubens explicó:

– Por lo que tengo entendido, quieres...

– Quiero quedarme con él hasta que Dios lo llame a regresar a la patria de los espíritus – mirando fijamente al director, concluyó:

– Vito y yo, siempre hemos sido muy buenos amigos. Mi presencia le dará algo de consuelo y la certeza que no ha sido abandonado.

De las desgracias que provoca el SIDA, la peor es la soledad de los últimos momentos, creo que usted, mejor que nadie, entiende lo que quiero decir, especialmente en lo que respecta al apoyo moral brindado a los moribundos – concluyó tajantemente.

– Sí, sí – respondió Rubens confundido, pensando:

– "Los padres pidieron un alivio inmediato y definitivo para su hijo, creo que se puede hacer con la mayor facilidad, dadas las circunstancias; y ahora viene el hermano, sucesor total en el negocio familiar y decide exactamente lo contrario."

El médico decidió que sería mejor quedarse con el señor Gino, ya que cualquier cosa que se hiciera ahora, para ayudar a los padres, podría acarrear graves complicaciones ante la ley. Es más, Vito no tardaría en morir.

– Te pido que te asegures personalmente que a Vito no le falte nada – pidió Gino –. Sé que aquí lo están tratando muy bien y quiero que siga así. De hecho, de ahora en adelante, no pasará ni un minuto más sin mí ni sin ningún conocido cercano. ¿De acuerdo? – terminó de ordenar.

– Sí, sí – volvió a tartamudear Rubens.

De allí Gino fue a ver a su hermano. Letes y yo lo seguimos. No había entidades infelices en la habitación. Pronto entendí por qué, Florêncio, que estaba mirando, nos saludó fraternalmente. Gino, acercándose a su hermano, llevaba en el pecho la alegría de los justos, cuando actúan de acuerdo con los dictados de la conciencia enmarcados en la moral cristiana.

Con delantal, guantes, gorro y mascarilla, se acercó a la cama. Puso sus manos sobre la cabeza de Vito y pasó a su lado.

Su simple presencia cambió el triste ambiente material, las enfermeras que frecuentemente venían a inspeccionar al paciente y todos los equipos conectados a él sintieron un gran consuelo al ver a ese joven al lado de su hermano, en oración.

Observé un fenómeno interesante, invisible para los encarnados, Vito– espíritu, vagando a lo lejos, cayendo y subiendo, como un borracho, unido al cuerpo por un cordón fluidico brumoso, se sentía atraído cerca de aquel aparato maloliente y sumamente deficiente. Florêncio lo ayudó en este regreso, transmitiéndole sus energías fluidicas, junto con las energías magnéticas que había recogido de Gino, en el pase. El caso es que Vito salió de su letargo espiritual, aunque su organismo permaneció letárgico. Cambiado y con la expresión profunda de la desesperación y del dolor, nos vio a Florêncio, a Letes y a mí. Se arrojó a los pies de Florêncio.

– Sangiorgio, hijo mío – entre lágrimas, suplicó atormentado –. ¡Ayúdame, por el amor de Dios! Me estoy muriendo, o ni siquiera sé si ya estoy muerto, no puedo soportar tanto dolor, por piedad, ayúdame...

Sabiendo que Vito estaba obsesionado con la existencia anterior, en la que era su padre, Florêncio respondió:

– Querido padre, ten fe en Dios, que es nuestro Padre y siempre quiere lo mejor para todos nosotros. El dolor nos muestra cuando nos alejamos de Él, cometiendo malos actos, teniendo un comportamiento incorrecto.

Vito, en la personalidad del poderoso magnate italiano Ezzio Oreppi, captó algo:

– Lo siento, mil veces lo siento. No sé qué hacer, llamar a un cura, darle mucho dinero a la Iglesia, decirles que me ayuden...

Entrando en pánico, mirando su cuerpo, perdió el control: –

¡Ayúdame, estoy podrido! Estoy muerto, y no quiero morir...

Florêncio lo calmó poniéndole las manos en la cabeza.

El espíritu de Vito entró con dificultad en el cuerpo que él mismo había arruinado. De repente, con leves contracciones físicas, abrió los ojos y vio a Gino sosteniendo un libro, con la otra mano apoyada en su pecho. El toque de esa mano bendita lo reconfortó, lo calmó. Vio el título del libro, cuya portada estaba frente a él: *El Evangelio según el Espiritismo*.

Gino se dio cuenta que su hermano se había despertado, pero continuó leyendo, pues un segundo antes había abierto el libro al azar, comenzando a leer en tono suave una lección del capítulo 5 – "Bienaventurados los Afligidos."

Florêncio acarició a Vito manteniéndolo despierto. Incluso en la gran agitación en la que se había visto inmerso, Vito aprendió algo del mensaje evangélico: el suicidio, lejos de resolver los problemas, los empeora.

Sorprendido y feliz, Gino vio a su hermano con los ojos abiertos.

– Vito – le dijo Florêncio –, nunca es tarde para reparar el daño moral que todos causamos, perjudicándonos a nosotros mismos y a los demás. Dios es el Padre de la bondad y del amor. Jesús, nuestro Maestro, nos enseñó a perdonar, dejando claro que el perdón es divino. La mejor manera de corregir un mal es producir un bien.

Ayudado mentalmente por Florêncio, Vito logró orientar su pensamiento, uniendo las enseñanzas evangélicas que acababa de escuchar con la triste experiencia provocada por el intento de suicidio.

Pensó en los errores que había cometido, poca o ninguna caridad; siempre había desperdiciado el dinero; no había sido buen hijo, ni buen marido, ni buen padre; sus relaciones promiscuas con mujeres habían provocado su ruina física, además de contaminar a

Aurélia, a quien dedicó su cariño, su afecto, tal vez su amor. En esta retrospectiva, las lágrimas sentidas mojaron el rostro del paciente, una prueba del cambio que los sentimientos sinceros casi siempre van de la mano con ellos.

Allí, viendo llorar a Vito, sabiendo que sus lágrimas atestiguaban el nacimiento del bendito sentimiento del remordimiento – antecámara de la renovación moral –, ¿cómo no llorar yo también?

Florêncio me miró paternalmente. Luego dirigió una mirada similar a Letes, ya que él también estaba llorando.

Vito, entre tantas recriminaciones, todas saludables, tenía un pensamiento positivo sobre sí mismo: "Yo solo fui un buen hermano, porque siempre amé a Gino."

¿Gino habría captado tal pensamiento?

Seguramente, como en el mismo momento acariciaba el rostro de Vito, sorprendiéndonos a todos, asistentes encarnados y desencarnados, se quitó la máscara y besó el rostro lleno de heridas de su hermano.

– Hermano – dijo –, mi mejor amigo, ¡te amo!

Una anestesia no habría tenido mejor efecto, Vito se durmió plácidamente, por primera vez después de muchas noches, experimentando algo de paz.

Florêncio me pidió que me quedara y se fue con Letes. Ya había estrellas en el cielo cuando Rita vino a visitar al señor Vito. Acreditando que era la secretaria del señor Oreppi, fue admitida y equipada con la indumentaria requerida.

Estaba profundamente arrepentida por haberle dado información íntima sobre su jefe y pasársela a Karen. Su conciencia gritó que era urgente paliar este error. Penetrándose a sí misma, decidió ayudar, de alguna manera. ·

Al ser conducida a la suite del señor Oreppi, se sintió muy enferma cuando se acercó. El olor, incluso con la puerta cerrada, era terrible. Cuando entró, casi gritó de asombro. Ver al señor Vito, desfigurado, todo conectado a equipos médicos, con el señor Gino a su lado, acariciando su cabeza, que estaba vendada a causa de la grave herida. Rita recordó lo vanidoso que era su jefe de su enorme cabello, ahora reducido a unos pocos mechones. Tenía ganas de regresar, de volver corriendo a la calle. Sin embargo, a pesar del impulso de escapar, la sincera intención de cooperar hizo que se recuperara rápidamente y se quedara. Sorprendió al Sr. Gino colocando su mano sobre su hombro y diciendo serenamente: unidad y energía.

– Vine a pasar la noche. Puedes irte a tu casa. Ya se lo he informado a mis padres y considero importante que descanses, pues al menos por unas horas quizás tengas que permanecer mañana en la planta, donde se han acumulado varios problemas a la espera de tu decisión. Quédate tranquilo. Si es necesario, te llamaré inmediatamente.

Gino se conmovió. Con admiración y acuerdo, tomó la manos de aquella muchacha, de cuya vida sabía poco..

– Dios te bendiga, Rita – le dijo –. Me voy a casa, porque hoy realmente necesito hablar con mis padres.

– Por favor – recomendó antes de irse –, quédate el mayor tiempo posible con Vito y siempre revisa lo que hacen con él. Cuestiona todo. Mucho cuidado, ya que durante la noche será aconsejable duplicar las precauciones. Por favor, si lo consideras necesario, evita cualquier procedimiento anormal llamándome de inmediato.

Hasta entonces estuve con Rita transmitiéndole imágenes de ayuda a Vito. La joven registró íntimamente mi sugerencia y aun sin comprender el rigor de la recomendación de su nuevo jefe, aceptó ambas.

Gino hizo un último pedido, antes de irse:

– Conserva esta ejemplar de *El Evangelio según el Espiritismo* y, por favor, lee algunas lecciones, en voz baja. Incluso si aparentemente no te escucha, estoy seguro que, en espíritu, el mensaje producirá buenos efectos. Lo estoy fortaleciendo...

Al coger el libro, uno de los dedos de Rita lo tocó, en el capítulo 5, nº 28, en el mensaje espiritual de San Luis, transmitido en París, 1860, que contenía una vigorosa advertencia contra la eutanasia. Rita, presente, fue suficiente defensa para Vito ante los atacantes invisibles.

Los espíritus que siempre acompañaban a Karen estaban cerca. Fui hacia ellos. Con cierta dificultad logré convencerlos que ayudaran a Rita, siendo su compañía.

- Por el buen hermano de este pecador enfermo, aquí velaremos - respondieron.

Les agradecí su apoyo y por primera vez los abracé uno por uno. Todos estábamos conmovidos. Culminando el buen momento, nos sorprendió un hecho singular que ocurrió a continuación.

Por mi parte, aunque sé lo bueno que es Dios - infinitamente bueno -, me maravillan los movimientos considerados "casuales." Los demás espíritus que estaban allí sintieron lo mismo. No habían pasado ni dos minutos desde que Gino nos dejó, cuando el doctor Rubens entró en la suite, silenciosamente. Rita, de espaldas, sentada en la cama y leyendo el Evangelio, en la página que había abierto con el dedo, no notó la entrada del director general del hospital, que acudió a supervisar el estado del paciente.

Rita estaba murmurando algo. Rubens se acercó cautelosamente y en silencio. Vito no daba señales de estar despierto.

Tratando de oír lo que decía la muchacha, Rubens oyó lo que ella leía: "..¿quién, entonces, te daría derecho a prejuzgar a los que tienen signos de Dios? No puede llevar a un hombre al borde del foso y sacarlo de allí, para hacerlo volver en sí mismo y llevarlo a otros pensamientos. Cualquiera que sea el extremo en que se encuentre un moribundo, nadie puede decir con certeza que ha llegado su última hora. ¿Se ha equivocado alguna vez la ciencia en sus predicciones?"

Rubens palideció. Incluso parecía como si estuviera siendo sometido a un vehemente libelo condenatorio.

Rita, sin detectar su presencia, continuó: "... Sé muy bien que hay casos en los que..."

El médico se quedó sin palabras. Lo que había oído implosionó en su alma el mito de la eutanasia, el terrible secreto que lo había llevado allí, indeciso, en medio de "órdenes contradictorias de familiares"; si todavía pensaba que era justo llevarlo a cabo en beneficio de los pacientes terminales, revirtió el concepto.

- "Parece que el Cielo se ha abierto para condenarme – pensó –, ¿porque justo cuando entré esta joven estaba leyendo estas cosas...?"

Me di cuenta de cómo se había producido la "coincidencia"; Florêncio, que había continuado, había inducido a Rubens a ir allí en ese momento. Y no fue casualidad que Rita, al abrir el Evangelio, diera la lección precisamente sobre la llamada "muerte piadosa", que mejor sería llamada "muerte antes de tiempo."

Florêncio me miró significativamente, aprobando mi pensamiento.

Luego de una breve pausa, Rita concluyó leyendo: "el materialista, que solo ve el cuerpo..., alivia los últimos sufrimientos que hay en ti; pero cuidado con acortar tu vida, aunque sea por un minuto, porque ese minuto puede ahorrarte muchas lágrimas en el futuro."

Rubens se retiró. Si viviera hasta los cien años, nunca practicaría la eutanasia. Ya había ejecutado muchas. Después de todo ello, su sentido profesional le daba la sensación de haber cumplido con un deber piadoso. Interiormente se reprochaba: "Creo que estaba loco, queriendo competir con Dios."

En el alma de aquel médico la lección evangélica había resonado como un trueno, despertando su conciencia, dormida por falsos conceptos mundanos, mucho más peligrosos cuando se disfrazan de premisas falsas.

Llamó a Marcos y le contó lo que había pasado.

Le pidió que ignorara el diálogo sobre Oreppi, ya que había cambiado su concepto sobre acortar la muerte de los pacientes terminales.

– Ya le pedí perdón a Dios – dijo con sinceridad y lealtad –, por las innumerables veces que le falté el respeto; ahora te pido que me perdones por haberte involucrado en mi locura.

Marcos acudió al hospital a abrazarlo, embelesado por la grandeza de alma demostrada por Rubens, empezando a admirarlo más, ya que, como profesional, lo consideraba uno de los mejores en el campo médico al que se dedicaba.

Rita ni siquiera sabía que Rubens había estado allí.

Después de unos momentos más, sentí la necesidad de ir a casa de los Oreppi y acompañar a Gino.

Cuando llegó Gino, ya lo estaba esperando.

Después de ducharse y cenar, reunió a sus padres y les dijo:

– Estuve con Vito hasta hace poco y sé que pronto nos dejará. Su condición es desesperada.

– Es bueno que hablemos, hijo mío – dijo Guerino –. Tu madre y yo, con el corazón roto y entre lágrimas, tomamos una decisión muy difícil con respecto a nuestro Vito.

– Supongo que es lo que es, papá – dijo Gino –. Conozco tu corazón y el de mamá; así que estoy seguro que quieres lo mejor para Vito.

Doña Lízzia abrazó a su hijo llorando y diciendo:

– Solo Dios sabe cuánto ha llorado el corazón de esta anciana madre. Mi dolor no tiene límites. Preferiría perder a mi hijo antes que verlo sufrir tanto. Por amor deseo su muerte...

No pudo continuar. Las lágrimas la asfixiaron. Guerino también lloraba profusamente.

Gino, buscando fuerzas, fijó su pensamiento en la dulce figura del Maestro Nazareno y oró íntimamente:

– "Jesús amado, necesito mostrarles a mamá y papá su error. Vito cometió un error y ahora solo Dios, nuestro Padre, decidirá cuándo regresará a la vida espiritual. Mis padres son buenos y aman a Vito. Tengo que demostrárselo. ¡Cómo es contrario a las leyes! ¡Que Dios acorte este restablecimiento! ¡Ayúdame, Sublime Pastor!

Al ver a Gino orar y también estar rodeado de luces, comenzando a iluminar espiritualmente la habitación, me emocioné mucho y sumé mi oración a la suya.

Gino besó cariñosamente a su madre, quien dejó de llorar, la consoló, solo sollozaba de vez en cuando. Pasó la mano por la frente arrugada de su padre.

– Sé que no son espíritas – les dijo –, pero también sé que son cristianos. Y la principal lección del Evangelio de Jesús es el amor. Para que el amor esté entre nosotros, criaturas aun llenas de límites morales, es imprescindible el ejercicio constante de la paciencia, que genera tolerancia, que trae perdón. Cuando cometemos errores, siempre esperamos que los demás comprendan y no nos devuelvan el daño que les causamos con nuestros errores. Cuando alguien se enfrenta a un error humano, no cabe duda que detrás de él también hay alguien enfermo. Y aquí me refiero al espíritu, que es eterno, y no al cuerpo, su vestimenta en cada vida terrenal.

Guerino y Lízzia siempre habían admirado la sabiduría de su hijo menor. Sin embargo, nunca entendieron cómo podía ser espírita.

Me pareció que en ese preciso momento empezaron a encontrar la respuesta.

— Todas, o casi todas las personas — continuó Gino, muy calmado —, son benevolentes con los heridos, teniendo el impulso divino de ayuda urgente, ante situaciones terribles de lesiones graves. En estos casos es el amor puro el que actúa, condicionando el instinto de ayuda irrestricta.

La salud de Vito preocupaba a sus padres desde hacía algún tiempo ya que varios síntomas no podían ocultarse. Cuando le sobrevino una repentina pérdida de peso, el cuadro patológico dio terribles advertencias, que las pruebas confirmaron.

Pocas personas en el mundo pueden apreciar el sufrimiento de los padres de un paciente con SIDA.

En todo paciente de SIDA hay un estupor espiritual cuando en su vida la abrupta inversión de la alegría en tristeza; cuando la vida placentera se convierte en un infierno. Se preguntan, las veinticuatro horas del día, ¿cómo es posible que el sueño dorado se convierta en pesadilla?

— Mamá y papá — prosiguió Gino —, si me lesionara y me quedara sin poder ir al hospital, ¿tendrían el valor de sacrificarme en el lugar del accidente? ¿No como se hace con los animales que sufren fracturas irreversibles, sino tal vez disimulando el golpe mortal?

Doña Lízzia miró a Guerino con los ojos dilatados.

— ¡Nunca, eso nunca! — Respondió casi gritando.

— Fue lo que pensé. ¡Gracias a Dios!

Abrazó a sus padres con miedo y conjeturó:

— Siempre puede aparecer alguien para ayudar, o incluso sucede algo inesperado, un milagro, tal vez.

— A sí es, hijo mío. Nuestra Señora de Aparecida ya salvó a niños ahogándose en medio del río.

— ¿Sabes por qué?

— Porque no había llegado el momento de acudir a Dios.

– Entonces, madre y padre, solo Dios, nuestro Creador, conoce ese tiempo, ¿no es así?

– ¡Por supuesto, hijo mío! – Respondió Guerino, enfático.

– Dios es nuestro Padre y Jesús es nuestro Hermano – consolidó Gino su razonamiento –. Está en las Sagradas Escrituras que ningún padre ofrece piedra al hijo que pide pan, ni le da una serpiente al que pide pescado.[7] Dios siempre da cosas buenas a todos sus hijos. Son los mejores padres del mundo. Doy gracias a Dios por ser su hijo.

Guerino y Lízzia abrazaron a su hijo, muy emocionados. Gino, sinceramente, pero también con extrema cautela, dio en el clavo:

– Conozco su amor por Vito. Lo único que quieren es su bien. Ahora que una tragedia lo ha victimizado, más que nunca, tenemos que recurrir a Dios. Él es el Padre de la bondad. Padre que ama eternamente a todos Sus hijos. Padre comprensivo que perdona nuestros errores.

– ¿Cómo será este perdón? – Preguntó, respondiéndose a sí mismo –. Brindándonos infinitas oportunidades para repararlos.

Volvió a preguntar:

– ¿Cuándo empezamos a reparar nuestros errores? – Respondió además –. En el momento en que el arrepentimiento encuentra abierta la puerta de nuestro corazón.

Mirando hacia arriba, añadió:

– Hablé con Vito esta mañana y me dijo que se arrepiente.

Lízzia y Guerino quedaron asombrados por lo que escucharon.

– ¿Él dijo que lo sentía? – Dijo Lízzia.

– Sí, madre. Solo podía hablar con los ojos, respondiendo sí o no. Pero nos pidió que lo perdonáramos.

---

[7] Mateo, 8:9- 10

– ¡¿Nosotros?!

– Sí – Gino fue muy natural –, el travieso tiene dos hijos más con otra mujer.

Los padres estaban asustados.

– Cuando dejó a Marlene, empezó a vivir con una mujer llamada Aurélia – prosiguió Gino –, una criatura sencilla, a la que considera el verdadero amor de su vida. Se juntaron y de esta unión nacieron dos niños, uno tiene dos años y el otro casi un año.

– Entonces, ¿tenemos dos nietos más?

Mientras preguntaba, los ojos de Guerino se iluminaron.– Y yo dos sobrinos – añadió Gino.

– ¿Dónde están? – Preguntó doña Lízzia.

– Aurélia está ingresada en otro hospital, en fase terminal, con la misma enfermedad que Vito. En cuanto a los niños, le pregunté al Dr. Marcos para examinarlos...

Gino consideró prudente, por el momento, no desviar el diálogo para este ángulo...

– La duración de la vida terrena – retomó el tema principal –, decisivamente en la vida espiritual. Todas las acciones que realizas son el único equipaje que lleva su alma. Por tanto, Dios deja vivir a cada uno el tiempo adecuado. Como no es tiempo de regresar, nadie es convocado por Él. Quienes se anticipan este momento, cometen un gran error, ya que muchas veces se les impone sufrimiento cuando entran en el mundo de los espíritus. Verán que la vida nunca se detiene y que morir no es morir, sino cambiar de plano, o cambiar de mundo. Vito intentó el gesto extremo, pensando que así solucionaría el problema que le aquejaba. Imaginó que, al morir, todo se resolvería. Pero Dios lo protegió y sé que su ángel de la guarda, al no poder detener el disparo, que hubiera sido fatal, al menos le entorpeció la puntería. El caso es que nuestra Vito está viva. Para él, ahora cada segundo es importante. No podemos perder esta bendición divina. Cada momento que permanece con nosotros debe ser utilizado para la transferencia de recursos que le ayuden cuando nos deje.

– ¡¿Qué recursos?! – Preguntó la Sra. Lízzia.

– El Evangelio, madre. Hablando de las lecciones que Jesús dio, su espíritu se fortalecerá y tendrá la fuerza para despertar en el mundo del que tantas veces salimos y al que regresamos.

– Pero, ¿puede oír?

– Su espíritu escuchará todo lo que digamos sobre las cosas de Dios, enseñada por Jesús.

– ¿De veras lo crees?

– ¡No tengo ninguna duda!

Lízzia miró inquisitivamente a su marido...

– No se le hará nada a Vito para acortar su muerte – Gino alivió la tensión –. Di órdenes expresas en el hospital al respecto. Me quedaré con él tanto como sea posible. Cuando yo no esté, alguien siempre estará con él, alguien de confianza.

Guerino juntó las manos, cerró los ojos y exclamó:

– ¡Gracias a Dios!

Lízzia estrechó la mano de su marido. Arrepentidos y felices, vieron cómo la eutanasia era eliminada de sus conciencias. Las palabras de Gino los vencieron.

Noté que Gino agradecía a lo Alto. También agradecí a Jesús por su bondad.

– "Eutanasia, eutanasia – pensé –, ¡qué tremendo error cometen los hombres cuando cubren su piedad con el manto de la ignorancia y la imprudencia!

La ignorancia, por desconocimiento de sus consecuencias, impide el disfrute de los últimos momentos de la vida terrena, en que, a veces, en apenas un segundo, el suicida, el enfermo o el réprobo, ven el rostro de la verdad abierto ante sí, imbuyéndose de la comprensión del dolor, cuando luego se arrepienten del gesto loco o de la malas acciones que cometieron, porque la vida es un don divino; es decir, que solo Dios tiene derecho a juzgar su principio y su fin, por lo tanto, quien interfiere, en un momento u otro, dice ser Dios, lo cual nadie lo es; solo hay uno.

Gino, después de orar, tuvo un pensamiento maravilloso, recordó la parábola del hijo pródigo, narrada por Jesús y consideró la posibilidad de traer a Vito a casa, para que su exilio, que no tardaría, se realizara entre quienes lo amaban. Propuso el traslado a sus padres y rápidamente se decidió que así sería.

Inmediatamente llamó a Marcos y le pidió que arreglara el traslado a esa hora, aunque ya era de noche.

Marcos contestó y dos horas después Vito regresó a casa de su padre, asegurado de la asistencia médica que necesitaba. Una enfermera estaría permanentemente disponible para la familia y se alojaría en una habitación de invitados. Cuidaba la higiene del paciente, la asepsia del ambiente y administraba medicamentos, que eran muchos.

Rita se retiró a pedido de Gino, sintiéndose agradecida por haber podido ayudar.

Marcos dio a los familiares instrucciones precisas desde las precauciones que debían tomar, para que no se infecten accidentalmente.

Al día siguiente, Marcos convocó a Karen al hospital y le explicó que sería prudente someterse a un examen para comprobar su estado de salud. Al principio Karen se rebeló, pero pronto pensó que el examen, cuyo resultado sabía que sería negativo, constituiría una prueba más para reforzar la creencia de su conexión íntima con Vito, que en realidad era inexistente.

Después de la extracción de sangre, Karen le pidió a Marcos que la acompañara a visitar a Vito. Le asustó saber que el paciente ya no estaba hospitalizado allí.

– "¿Habría muerto esta noche?" – pensó angustiada.

Marcos la tranquilizó informándole que, a pedido de la familia, Vito se había ido a su casa.

– ¿Entonces está con sus padres?

– Sí. Gino y sus padres, sabiendo que a Vito le queda poco tiempo de vida, se quedarán con él hasta el final.

Karen se angustió. Ese nuevo hecho vino de alguna manera, indefinidamente, de cambiar todo el panorama que había dibujado. ¿Por qué Gino no le había informado de una decisión tan importante? Consideró que Vito, en vida, sería su garantía de acercarse a Gino y al dinero de los Oreppis. En el hospital, al tener libre acceso, podía acercarse a Vito en cualquier momento, pero no en casa de sus padres... De hecho, fue allí, en el hospital, donde Gino prácticamente le había propuesto matrimonio, cuando le preguntó a su hermano si a él no le importaba su unión. ¿Qué pensarían los padres de Gino cuando supieran que pretendía unir su vida con la "tercera" mujer en la vida de Vito? ¿No sospecharían permanentemente que ella también estaba infectada con SIDA?

Tales pensamientos la hicieron visitar y se arrepintió brevemente de haber llegado tan lejos con su plan.

Pero pronto expulsó cualquier sentimiento más noble, razonó dándose cuenta que en el punto donde se encontraba ya no había la más mínima posibilidad de dar marcha atrás.

¡Era ahora o nunca!

ANCLA DE POLIESTIRENO

Karen estaba ideando una manera de mantenerse cerca de Vito, a quien consideraba su ancla en el plan para enriquecerse, no permitiendo que el barco de su vida siguiera navegando sin rumbo, manteniéndola cautiva en el mar de la pobreza. Soñó con el océano de la fortuna en casa de los Oreppi, ¿qué fuerzas tendría para manejar los hechos, encaminando las circunstancias hacia la prosperidad de su plan? Se sentía más o menos ajena a ese proceso que ella misma había creado, ya que Gino no había participado en la destitución de Vito, ni siquiera intercambiado con ella una sola idea al respecto.

Todos estos pensamientos eran solo suyos.

Sus obstinados compañeros invisibles se habían quedado con Vito, siguiendo la invitación de Letes. Antes habían ido a la casa de los Oreppis y fue allí donde, luego de escuchar el diálogo de Gino con sus padres, se emocionaron más.

Letes, de hecho, sin ser nombrado, era ahora su líder.

Habían seguido las lecturas de Rita sobre la eutanasia, cuya comprensión consolidaron y poco después escucharon a Gino explicar la lógica espírita, usando otras palabras, pero siguiendo el mismo razonamiento del texto evangélico.

Karen, sola; es decir, sin los nefastos consejos que había tenido hasta entonces, no tenía el mismo ingenio mental. Estaba confundida.

Me sorprendí preguntándome:

– "Entonces, ¿no eres su ángel de la guarda? ¿Qué estás esperando para ayudarla?"

Tomé la iniciativa, le sugerí mentalmente al doctor Marcos que, llevando a Karen, fuera a visitar a Aurélia. Lo supe en los últimos momentos, como encarnado, porque Florêncio, desde algún punto indefinido por los canales del pensamiento, me lo había advertido, hace poco.

Marcos registró mi sugerencia y estuvo de acuerdo. Invitándola:

– Karen, Gino me pidió que examinara a los hijos de Aurélia, la otra pareja de Vito. ¿No quieres acompañarme?

Al hacer la invitación, Marcos se confundió un poco con respecto a Aurélia. Pero él estaba convencido de la necesidad que ella fuera apoyada y Karen era la mejor persona para hacerlo, sobre todo porque había asumido tal compromiso con Vito.

Karen aceptó de inmediato.

Junto a Marcos ingresaron al Hospital Municipal y, cuando fueron trasladados al pabellón colectivo donde se encontraban los enfermos, pudieron constatar toda la dimensión conmovedora del drama que genera el SIDA. Allí solo había pacientes considerados terminales, prácticamente sin ningún tipo de asistencia oficial, ya que pocas enfermeras aceptaban tareas con ellos. Si no fuera por el trabajo voluntario de algunos jóvenes trabajadores sociales, ni siquiera ese precario servicio existiría. Higiene que desear, varios pacientes se encontraban en medio de sus excrementos, ya que el control funcional de sus necesidades fisiológicas había desaparecido o estaba alterado, como ocurre en la fase terminal del síndrome. Los pacientes que no estaban postrados tenían una mirada indeleble de asombro, de miedo e incluso de pavor.

Marcos, médico, logró controlarse. Karen; sin embargo, se debilitó. Ella se apoyó en su brazo y, al darse cuenta, él la animó:

– Jesús está con nosotros y por eso nada debe impedirnos ayudar a Aurélia.

Y volviéndose hacia una enfermera que pasaba, Marcos preguntó por Aurélia.

Anita, la enfermera, sin mostrar la más mínima consideración, tardó un poco en responder:

– Está ahí afuera, muriendo.

– ¿No hay atención profesional para estos pacientes? – Preguntó el médico controlándose.

– No, no la hay – respondió Anita desafiante –. Solo los voluntarios, que ahora están de vacaciones, se quedan aquí con estos...

No pudo terminar la frase, pues Marcos indignado reaccionó:

– Soy médico especialista en enfermedades infecciosas y pretendemos sacar a la paciente.

– No, doctor – cambió el tratamiento, como por arte de magia –. Por favor sígame.

Llevado a una pequeña habitación contigua a la enfermería, lo visto reveló hasta qué punto los seres humanos a veces se degradan a sí mismos – o son degradados, por personas similares. Tres camas, en un ambiente oscuro, deliberadamente oscuro, estaban ocupadas por tres enfermos, confinados, que ya no parecían personas. Allí estaban los restos putrefactos de tres personas, probablemente nacidas sanas el primer día que vieron el Sol, y que ahora estaban sumidas en la oscuridad. Solo la divina misericordia podría evitar que cualquiera que estuviera allí confinado se volviera loco.

¡Aurélia era una de esas personas!

Karen, al verla, no pudo contener una exclamación de horror.

– ¿Dónde estaba esa mujer enferma que vi hace unos días? ¿Cómo pudo haber terminado en esa horrible situación, sin trozos de carne en su rostro?

Marcos se adelantó y sin que Anita ni Karen le indicaran quién era Aurélia, se acercó a ella.

Llegó junto a la cama, donde el insoportable olor casi lo asfixió. Puso su mano sobre la frente de Aurélia, que respiraba con dificultad, durante largos períodos de tiempo.

La enfermera no creía que nadie tuviera el valor de tocar "eso", como ella pensaba.

Más espiritualmente que como médico, Marcos se dio cuenta que la mujer estaba a poca distancia de la frontera que separa la vida material y espiritual.

Acarició el rostro de Aurélia y oró en voz alta:

– Divino amigo, por caridad, te rogamos que abraces a nuestra hermana Aurélia, recibiéndola en Tus brazos amorosos. Permite, Señor, que uno de Tus mensajeros la acompañe en este difícil camino que ahora comienza para ella. ¡Alabado seas, amado Jesús!

Karen y la enfermera, absolutamente indiferentes a la compasión cuando entraron allí, ahora lloraban.

Aurélia, con un último gemido, abrió los ojos y no vio a Marcos ni a las dos mujeres, sino una luz que se acercó a ella y la envolvió proporcionándole paz, ¡era su "ángel de la guarda"!

Su traspaso fue sereno.

La enfermera, que nunca le había contado a nadie las extrañas visiones que tenía cada vez que estaba allí, también vio la luz. No tuvo dificultad en comprender que la luz era resultado de la oración de Marcos y provenía del mundo espiritual.

Al ser la primera vez que veía alejarse suavemente a uno de aquellos pacientes, sentía en su interior lástima por los demás, que pronto irían a encontrar a Aurélia.

– "Tal vez sería bueno rezar una oración cada vez que uno de ellos está al borde de la muerte" – pensó.

Confirmando las sospechas que tenían sus familiares que era médium psíquico, en cuanto tuvo este pensamiento vio a Letes y me vio a mí también.

Le sonreímos. Se llevó la mano a la boca y ahogó un grito de asombro. Hicimos un gesto fraternal, tranquilizándola. Para ella, vernos en ese momento tuvo el efecto de "una orden de Dios", para que nunca más dejara de orar por los pacientes a su cargo.

Aurélia quedó huérfana de padre y de madre, y tenía pocos familiares. Gino hizo todos los arreglos para el ataúd. No tuvo dificultades para convencer a sus padres que asistieran al funeral, que se celebró discretamente.

Al funeral solo asistió una de las tías de Aurélia, la que se ocupaba temporalmente de sus dos hijos.

En el velorio, Gino presentó a Karen a sus padres, afirmando que era una trabajadora social de la planta, que ayudaba a Aurélia desde hacía algún tiempo, "a petición de Vito."

Desde que inició sus actividades en la planta, Karen trabajó en la clínica ambulatoria, por órdenes de Gino.

La clínica ambulatoria, que en ese momento estaba lista para funcionar, solo esperaba a los pacientes que estaban siendo atendidos, llegaron pronto. Sin ceremonia de inauguración, según órdenes de Gino, en menos de una semana la guardería ya contaba con más de treinta pequeños niños.

También en esa primera semana se realizaron allí dos partos, de manera precaria, por urgencia.

Mientras tanto, Marcos dispuso un análisis de sangre para los dos pequeños huérfanos, hijos de Vito y Aurélia.

Gino, más dedicado a servir a Vito que a los asuntos administrativos del Grupo Oreppi, rara vez estaba con Karen.

Y, aun en esas contadas ocasiones, de manera superficial.

Marcos visitaba diariamente la casa de los Oreppis y examinaba el estado de Vito. Para él, era inexplicable lo que provocó que el estado mórbido de ese paciente cesara.

Marcos solía sorprender a Gino al lado de su hermano, leyéndole en voz alta extractos de *El Evangelio según el Espiritismo*.

– "Solo puede ser un milagro" – pensó.

Le comentó a Gino que era admirable que su hermano se resistiera, y solo podía atribuirlo al trato espiritual que recibió en aquel hogar. Interesado por el Espiritismo, Gino le prestó un ejemplar de *El Libro de los Espíritus*, explicándole que éste, publicado en 1857 en Francia, había sido el primero de los cinco libros básicos de la Doctrina Espírita, codificada por Allan Kardec.

Marcos, en dos días, leyó casi toda la obra.

Durante una visita médica a Vito, éste le confesó a Gino que estaba profundamente impresionado por lo que había logrado aprender sobre los fundamentos filosóficos espíritas. En aquella ocasión, Gino lo invitó a asistir a una reunión mediúmnica en el Centro Espírita que él presidía. Le explicó a su amigo que la invitación la hacía bajo una fuerte intuición, pues para ser partícipe de aquellas reuniones siempre era normal tener preparación doctrinaria previa.

Marcos aceptó, en parte por curiosidad y en parte porque estaba cada vez más intrigado por la eficiencia del tratamiento espiritual dado a Vito.

Marcos acudió al Centro Espírita desarmado de prejuicios, pero con la mente atenta a los más mínimos detalles. Los testimonios atestiguan el desprendimiento de los médiums, permitiendo el apoyo a varios espíritus sufrientes.

Gino había explicado que el encuentro mediúmnico espiritista tiene como objetivo esclarecer los espíritus desencarnados que deambulan por el mundo espiritual, desorientados o con ideas fijas.

Tales espíritus, invariablemente en estado de necesidad, son traídos por decisión de los protectores celestiales, siempre que demuestren deseo de mejorar o arrepentirse de un error. A veces también se dejan llevar espíritus recalcitrantes y malhumorados, insensibles a los males que causan a los encarnados, que odian o de los que se hacen vengadores. En ambos casos; sin embargo, todas las decisiones se basan en la Ley de Justicia: el mérito de los atendidos. Incluso en el segundo caso, en el que aparentemente no hay mérito para la asistencia, se buscan créditos morales a lo largo de innumerables vidas, incluso las más remotas, que todos tenemos.

Antes del encuentro, Gino le brindó algunas aclaraciones a Marcos, informándole a su amigo que los médiums que "prestan" sus órganos vocales a estos espíritus se llaman psicofónicos; quienes las esclarecen son los clarificadores, también llamados adoctrinadores; los que ven espíritus son videntes; los que escuchan voces espirituales son oyentes; a quienes escriben mensajes provenientes del Más Allá, de forma consciente o mecánica, se les llama psicógrafos.

Le explicó a su amigo que tales denominaciones se referían a las mediumnidades más comunes, y había muchas otras.

Marcos elogió íntimamente la puntualidad al inicio del encuentro, así como, después, la disciplina de las manifestaciones espirituales, sin histerias, gritos ni gestos violentos.

En los diálogos entre personas desencarnadas y encarnadas, si el tono de los primeros era de angustia o revuelta, el tono de los segundos era de respeto, tolerancia y amistad.

Pero lo que más le impresionó fue la lógica de las aclaraciones y comentarios sobre diversos aspectos, confirmando lo que había leído en *El Libro de los Espíritus*, aunque presentado en otras palabras; continuidad de la vida después de la muerte; la justicia de Dios, según la cual solo sufren los que se desvían del bien; la multiplicidad de vidas terrenales; es decir, la reencarnación; el valor de perdonar las ofensas, llevando la paz al ofendido; la eficacia de la oración, no solo en los momentos difíciles, sino siempre.

Marcos, dudando inicialmente de la autenticidad de las comunicaciones de almas "del otro mundo", recibió un gran shock – quizás el mayor de toda su vida –, cuando, al final de la sesión, un espíritu, a través de un médium, lo llamó por su nombre:

– ¡¿Marcos, que alegría volverte a verte?!

– Cuando fallecí, en ese accidente, estábamos a mitad de camino – continuó el espíritu.

Marcos recordó que un colega, un gran amigo, Natanael, había fallecido antes de graduarse de médico, en un accidente de motocicleta.

– Fui traído aquí por la bondad de Jesús – dijo el espíritu –. Me estoy preparando, en otro curso, "de este lado", para seguir trabajando también en Medicina.

Marcos estaba algo indeciso.

– Soy Natanael – confirmó el espíritu.

– ¡Natanael!

– Sí, Marcos. Doy gracias a Dios por la felicidad de este reencuentro. No fue casualidad que estés aquí hoy, ni yo tampoco. Tengo una pregunta importante que hacerte, ¿aceptas que te acompañe en tu trabajo con los pacientes?

Marcos estaba emocionado. Pero vacilante.

– ¿Acompañarme? ¿Cómo?

– Como un simple asistente de tu ángel de la guarda, cuando complete el curso que estoy tomando.

Disipando de una vez por todas las dudas que aun existían en Marcos sobre la veracidad de su identidad, Natanael completó:

– Recuerdo que al inicio de nuestra carrera habíamos acordado montar una clínica pediátrica cuando nos graduáramos; Luego, a medida que avanzaba el aprendizaje, cambiamos de opinión. ¿Recuerdas? Elegimos trabajar juntos en el área de enfermedades infecciosas. Bueno, por mi parte, ¡el proyecto está en marcha!

Solo Marcos y Natanael lo sabían.

– ¡Natanael, Natanael! – Ratificó Marcos, muy emocionado –, que Jesús te bendiga. Para mí será una felicidad incomparable tenerte como guía, hasta que Dios lo permita.

– Gracias, Marcos – bromeó –. Si hay un supervisor no seré yo, ya que no completé el curso, de todos modos estaremos los tres juntos.

– ¿Nosotros tres? – Preguntó Marcos.

– Sí, tú, yo y Jesús, ¡el Guía divino!

Al salir, Gino volvió a sorprender a su amigo médico:

– Marcos, me gustaría que asumieras la dirección general de la clínica ambulatoria de la planta, incluyendo la gestión de todos los demás sectores asistenciales que estarán subordinados a ella.

– No soy más que un simple médico y quieres convertirme en ejecutivo, ¿qué podría ofrecer en términos de administración? – Reflexionó Marcos, agradecido y conmovido.

– ¡Todo! No estarás solo. Tendrás autonomía para decidir y aportar lo necesario. Podrás contratar los asistentes que necesites, cuya elección será únicamente tuya. Piénsalo y dame la respuesta cuando lo decidas.

– Gino, eres muy generoso conmigo. Creo que deberías pensar un poco más antes de decidir mi nombre para un puesto tan importante. Sería prudente escuchar a tus padres.

– Ya los escuché. Inmediatamente aprobaron la idea que fueras el responsable de la clínica. Allí, el trabajo será más de comprensión y tolerancia que material, ya que la clientela a atender, en su mayor parte, está formada por gente maleducada, llamada peyorativamente "boyas– frías."

– Mi área es enfermedades infecciosas – dijo Marcos después de pensar un rato.

– Sé de eso. De hecho te invité, porque además del servicio médico de la clínica ambulatoria, pretendo montar, aparte, una casa para atender a personas enfermas de SIDA, ya sean de nuestras empresas o, principalmente, de este Centro Espírita. La dirección técnica también será tuya. Casi todos los días algún familiar viene a nosotros al Centro Espírita, desesperados, porque tienen un familiar enfermo de SIDA y no pueden ser atendidos. En realidad, el gobierno atiende a pacientes de SIDA, pero esta tragedia va más allá de las instalaciones existentes en los organismos oficiales. Y el tratamiento privado, como sabemos, es extremadamente caro.

Marcos recordó la visita a Aurélia.

– Dios nos ayude, Gino. Estaré con ustedes en esta tarea, con la misma seguridad que Natanael y Jesús están con nosotros en este momento – decidió en ese mismo momento –.

Se abrazaron felices..

FUNDAMENTOS ESPIRITUALES

Al cabo de una semana, tres enfermeras, una tras otra, abandonaron el cuidado de Vito en casa de sus padres, porque no podían resistir el estado patológico de aquel cliente rico.

Además, incluso a pesar de su formación profesional, el SIDA les inculcó prejuicios invencibles.

Sumado al miedo al contagio, la enfermedad del hombre les causaba un profundo disgusto, ya fuera por los olores que producían las heridas expuestas, ya por su propia figura cadavérica.

Gino le pidió a Karen que se hiciera cargo de gestionar el pago del alquiler y de entregar las llaves de la casa donde vivía Aurélia, y que debía rescindir cualquier contrato de arrendamiento. También solicitó que salde todas las deudas en la farmacia y cualquier otra deuda que pudieses existir.

En cuanto a los dos hijos de Aurélia y Vito, Karen llevó a su tía, por orden de Gino, una importante suma económica, con instrucciones que no les faltara nada. Informó que periódicamente su tía recibiría sumas adecuadas para sus gastos.

Los obsesores de Karen fueron invitados por Letes y por mí a asistir al Centro Espírita regentado por Gino, los "Samaritanos." Con cierta aprensión aceptaron, principalmente porque les confirmamos que habría noticias de sus familiares.

Letes, los obsesivos de Karen y yo, en caravana, llegamos a la dirección del Centro Espírita, faltando aun tres horas para el inicio de la reunión.

Tres espíritus guardianes, apostados alrededor del edificio, nos recibieron fraternalmente, autorizaron nuestra entrada y nos indicaron la sala de reuniones.

Una vez dentro, grata sorpresa, había varios grupos más, similares al nuestro. Cada uno de los grupos estaba guiado por al menos dos espíritus protectores. En todos los grupos había espíritus necesitados, algunos en camillas, postrados, recibiendo pases espirituales. Éramos el último grupo de personas desencarnadas admitidas a la reunión esa noche.

Después de discretos saludos, los responsables de los grupos reanudaron las oraciones. Seguimos su ejemplo.

Faltaban quince minutos para las ocho cuando la puerta fue cerrada por el líder encarnado de la reunión, estando presentes todos los médiums que asistían habitualmente a esas reuniones. Los guardianes espirituales se mantuvieron firmes, listos, evitando el alboroto que algunos espíritus desencarnados intentaron crear moviéndose, en los alrededores.

Poco antes del inicio, un espíritu muy amable se acercó a nosotros e invitó al ex jefe de los obsesores, Cantídio, a acercarse a uno de los médiums, Gino. Cantídio, algo desconfiado, asintió. El protector se interpuso entre ellos y, colocando su mano sobre el hombro de cada uno, estableció una conexión espiritual entre ellos, proporcionando una simbiosis mental, en forma de una corriente continua que circula entre dos polos. Cantídio recibió una carga eléctrica única, revitalizante y placentera, que le proporcionó una sensación olvidada de paz y bienestar.

Gino, concentrado, esperaba con disciplina su turno para hablar, prestando sus órganos del habla a lo que Cantídio quería, o mejor dicho, necesitaba decir.

Cuando se le permite "hablar", el espíritu necesitado pasa el contenido de su mensaje, positivo o negativo – en este caso, desafortunado –, a la mente del médium; el encarnado, si posee una refinada educación mediúmnica y plena conciencia de la tarea, somete la comunicación a un filtro indispensable; por lo tanto, combinando respeto y amor con su tarea, evitará términos groseros, ofensivos o actitudes inapropiadas.

Otros espíritus necesitados, de otros grupos, también fueron colocados junto a médiums que estaban más en sintonía para recibir ayuda.

Cuando la reunión comenzó puntualmente a las ocho, había doce encarnados y aproximadamente cincuenta desencarnados. Se leyó un extracto de *El Evangelio según el Espiritismo* y luego, después de apagar la luz principal y mantener encendidos dos candelabros con lámparas de color azul tenue, se dijo una oración inicial. Ocho espíritus necesitados se manifestaron hablando solo uno a la vez, para lo cual fueron debidamente instruidos por los responsables de los respectivos grupos, todos bajo la coordinación de un protector. Cuando le llegó el turno a Cantídio, sintiendo que de manera inexplicable lo que creía que Gino repetía en voz alta, se desahogó diciendo que su odio hacia los Oreppis, en realidad no solo suyo, sino de varios compañeros que estaban allí a su lado.

Cantídio fue todo sinceridad.

Recordando vívidamente los males sufridos, pidió venganza, creyendo firmemente que "quien hace el mal a los demás tiene que pagar, y el que sufrió tiene derecho a recuperarlo."

Fue escuchado con respeto, desde el principio hasta el final de su arrebato. Cuando concluyó su vigorosa narración, uno de los médiums clarificadores se dirigió a él, con educación y cariño. Le hizo ver que los dolores que afectan a todos los hijos de Dios son cosecha de siembras desafortunadas. Explicó, con sencillez, la lógica de las vidas sucesivas, verdadera demostración de la caridad de Dios, que con sabia justicia ofrece repetidas oportunidades de rescate y reconstrucción e instrucción a aquellos que han cometido errores.

El espíritu encargado de la coordinación, en oración a Jesús, colocó su mano derecha sobre la frente de Cantídio. Reminiscencias, largo tiempo anestesiadas, se despertaban en él relativas a sus malas acciones, algunas similares, y otras aun más graves que las que ahora eran objeto de su vehemente condena.

No había manera de evitarlo. Cantídio, reconociéndose mucho más deudor que acreedor, sollozando, liberó en dolorosas lágrimas las emociones encontradas que durante tanto tiempo habían estado reprimidas en su pecho.

– Hermano mío – aconsejó el adoctrinador, tranquilamente –, la justicia divina es perfecta y no necesita ayudantes vengativos para llevarse a cabo; no podemos dudar de la bondad del Padre hacia nosotros, criaturas que cometemos más errores que aciertos; ciertamente el daño que alguien causa representa una cosecha para la víctima, pero también una siembra para ella. En estas oportunidades, las entidades angelicales respetan el libre albedrío del malvado, sordos a los buenos consejos que recibe de su "ángel de la guarda"; por otra parte, estas malas acciones invariablemente resultan en la condonación de las deudas por parte de quienes las padecen.

Cantídio contó con el apoyo de Letes, quien lo trajo de regreso al grupo, grabando una nueva condición y agradecido con Dios.

Sus compañeros quedaron asombrados, nunca habían presenciado una situación similar. El jefe "dudó" así, aun más llorando. De hecho, era la segunda vez que veían llorar a Cantídio, en poco tiempo. Actuando impulsivamente, se acercaron a él, piadosos y solidarios. Pero hicieron llorar a Cantídio.

Para consolidar de una vez por todas entre aquellos hermanos sufrientes el amor inconmensurable de Jesús, el espíritu director dijo a todos:

– Aun hoy serán llevados a visitar a tus familiares, algunos ya reencarnados y otros esperando regresar a la materia.

Los espíritus se miraron unos a otros con incredulidad.

– No hay nada que temer. Sugiero que en este momento sagrado le digamos al Maestro Jesús cuánto somos reconocidos por Su amor.

Diciendo estas palabras, abrazó uno a uno a aquellos hermanos humildes y sufrientes, besándoles el rostro.

El momento y la escena eran sumamente espirituales.

Los espíritus, en un gesto espontáneo y simultáneo, se arrodillaron y besaron las manos del protector.

Letes y yo quedamos profundamente conmovidos. El director nos dejó en libertad para retomar nuestras otras funciones, y se nos informó que, en adelante, Cantídio y sus compañeros quedarían bajo su responsabilidad. Rápidamente nos despedimos de todos y antes de partir, la nueva bendición nos contempló, particularmente a mí: los antiguos obsesores de Karen, con los ojos llorosos, me pidieron que los perdonara por su comportamiento anterior. Sin siquiera poder responder, mientras la felicidad ahogaba mi voz, los abracé, movido.

¡Había hecho nuevos amigos, para la eternidad!

– En los rincones más perdidos del mundo de Dios – aun logró decirnos Cantídio –, cuando nos necesites, ¡llámanos!

Los compañeros de Cantídio lo confirmaron.

Recibimos una llamada telepática de Florêncio que solicitaba nuestra presencia en la clínica ambulatoria de la planta.

Aprovechando el silencio y la calma de la noche, permanecimos allí unas tres horas, en oración. Florêncio nos explicó que nuestras oraciones ayudarían a formar una base espiritual adecuada para las importantes tareas de socorro que, en el futuro, se realizarían allí.

También dijo que Gino llevaba algún tiempo orando en ese ambiente, atrayendo allí fluidos benéficos, traídos por espíritus bondadosos. Este imán positivo permanecería intrínsecamente en el local, transformándolo en un lugar reconfortante.

Recordé que muchas familias celebran el "Culto del Evangelio en el hogar", una vez por semana, en un día y hora determinados, preparando sus hogares para el apoyo espiritual, involucrando a menudo a vecinos, familiares y amigos lejanos. Considerando las dificultades de los tiempos actuales y que la familia, orando junta al menos una vez a la semana, recibe las bendiciones divinas, sería mejor que hubiera quienes pudieran orar todos los días.

No pude evitar un pensamiento menos elevado:

– "No en vano dicen que la oración y el pollo no hacen daño a nadie, pues en esta clínica muchas personas se beneficiarán de ambos."

Florêncio, sin decir palabra, se limitó a mirarme, con una leve sonrisa de aprobación.

"O MIO CARO BABBINO."

Aun faltaban cuatro horas para el amanecer, cuando Florêncio concluyó nuestra tarea en la clínica, invitándonos a acompañarlo a la casa de los Oreppis.

Al llegar nos dirigimos directamente a las habitaciones donde había estado Vito alojado. Quedó en total postración. A su lado, Gino.

En ese preciso momento, una suave pieza musical, interpretada únicamente por una orquesta, dio suavidad al ambiente, *"O Mio Caro Babbino"*, de la ópera Gianni Schicchi, del inmortal compositor italiano Giacomo Puccini.

Desde niños, Vito y Gino siempre habían sentido una especial admiración por Puccini, así como por miles de personas en todo el mundo. En su caso, en particular, no solo reverberaba en sus almas la lengua, sino también todo el sentimentalismo de la "patria del bel canto", la amada Italia, que en la reencarnación anterior les había servido de lugar de nacimiento.

El matrimonio Oreppi dormía en sus habitaciones.

Florêncio los atrajo, no permitiendo que la pareja de espíritus despertara, manteniéndolos junto a la cama de su hijo.

Muy tranquilo, transmitiendo así equilibrio, les informó que la desencarnación de Vito se produciría en unos instantes. Florêncio nos instó a todos, encarnados y desencarnados, a orar. Gino asimiló la invitación a la oración, abrió el Evangelio y leyó el texto en el punto de la página que sus ojos vieron por primera vez, capítulo 28 – Colección de Oraciones Espíritas – (Oración n.2 58 – Por un moribundo):

– "Dios poderoso y misericordioso, he aquí un alma..."

¿Podrían los encarnados, todos, testigos de un desenlace, en ese momento, establecer los poderosos vínculos de la oración con el mundo espiritual, ¡cuánta ayuda brindarían al moribundo!

Eso es lo que le pasó a Vito.

Gino mantuvo sus pensamientos en lo Alto, habiendo comprendido que aquella oración era un mensaje de espíritus amigos, cuya presencia registró, aunque no podía verlos. Dejó el libro junto a la cama y tomó las manos de Vito. Elevó su pensamiento a Dios y oró a Jesús para que su hermano fuera acogido por los protectores celestiales. Una tenue luz atravesó todo el cuerpo destrozado de Vito, instalándose en la región del cerebro.

Tres espíritus entraron en la habitación y, tras un respetuoso saludo, se acercaron a Vito, imponiéndole las manos en la cabeza, en el corazón y en el abdomen.

Hubo tres especialistas en desencarnación que acudieron allí en respuesta a las oraciones.

Una especie de vapor, invisible para los encarnados, comenzó a fluir por los poros de Vito, con dificultad, el espíritu comenzó a escapar del recipiente físico. Algunas partes de Vito-espíritu se adhirieron e insistieron en desprenderse del equipo orgánico dañado.

Los tres expertos concentraron su actividad en estos puntos, verdaderos nudos, con los que, uno a uno, fueron deshaciéndose.

Vito, a pesar de tan sublime ayuda, no pudo darse cuenta de lo que estaba sucediendo. Durante mucho tiempo, sumido en terribles dolores, que su propia conciencia había creado y repetido incesantemente, fue atacado por un terror indescriptible.

Sintiéndose desgarrarse de aquellas carnes, ya pudriéndose, no tuvo suficiente elevación para comprender la bendición que le alcanzaba.

Atormentado por crueles remordimientos y aterrorizado por la "certeza" de ser inquilino voluntario del infierno, repasó los hechos que había experimentado, a veces con lujuria, a veces con excesiva ambición de dinero. En sus angustiosos delirios vio a decenas de empleados a los que había maltratado. Sus caras – solo sus caras –, se dirigieron sucesivamente hacia él, como meteoritos errantes, a una velocidad vertiginosa. Vito de repente se desvió, dejando lo último de sus fuerzas físicas en su inútil intento de evitar las terribles colisiones.

Angustiados, los padres creyeron que su hijo padecía un dolor físico terrible. De hecho, en ese momento el dolor no era físico, sino moral. Inevitablemente, el desequilibrio de Vito atrajo a espíritus infelices cercanos. Muchos, de hecho, víctimas de sus fechorías, ex empleados, incluso de la reencarnación anterior. Otros, desconocidos. Algunos, vengativos; éstos, con el objetivo de vampirizar sus últimas energías vitales.

La mera presencia de Florêncio los repelía.

Letes y yo logramos calmar a quienes tenían pensamientos de venganza, sacándolos luego de un breve diálogo, en el que concertamos un breve encuentro con ellos.

Sin embargo, los espíritus que buscaban al moribundo para llenarse de sus últimos fluidos vitales no desistieron, permanecieron a distancia, esperando la eventual oportunidad de satisfacer sus siniestros propósitos. Aunque la comparación es trágica, parecían hienas, siempre lúgubres, merodeando los restos de alguna presa sacrificada.

Por grandes que fueron los esfuerzos de Florêncio, ayudado por las oraciones de Gino, Letes y yo, además de los espíritus técnicos de la desconexión físico– espiritual, Vito no pudo liberarse de las tremendas perturbaciones que él mismo había creado.

Cuando, después de casi tres horas, fue despojado completamente de su forma carnal, su periespíritu reveló graves heridas, provocadas por el intento de suicidio y el SIDA.

Florêncio, conmovido, abrazó a su ex padre.

La fuerza del amor hizo que Vito- espíritu fuera asistido con la bendición de un sueño providencial.

Los tres expertos consideraron oportuno desatar el último lazo fluídico que aun unía el periespíritu a la carne, en Vito situado precisamente en la región cerebral.

Sin ofrecer resistencia ni siquiera oposición inconsciente, habiendo quedado dormido, Vito se desprendió definitivamente de ese cuerpo bendito que había descuidado, como un pescador que, en alta mar, corta violentamente las cuerdas que unen los palos de su balsa.

Florêncio, antes de entregar a Vito a los especialistas que lo llevarían a una urgencia espiritual, oró:

- "Sublime Pastor, en Tus benditas manos ponemos a nuestro hermano Vito. Agradecemos por tanta bondad, por tanto amor, en esta hora bendita. Te rogamos, ¡oh! Maestro, que despierte a la claridad del deber. Gracias, ¡Jesús mío!"

Tres socorristas se llevaron a Vito.

Los padres de Gino se despertaron al mismo tiempo y corrieron a la habitación de Vito. Sin poder explicar cómo, "supieron" que Vito había fallecido. Gino y sus padres, abrazados, tenían los ojos sumergidos en lágrimas ardientes.

Florêncio nos explicó que, lamentablemente, pasó mucho tiempo antes que Vito recuperara la conciencia y el poder de decisión. A pesar de todo el apoyo que habíamos visto, no se liberaba de la pesada culpa que había cargado sobre sí mismo, sintonizado con la perturbada banda vibratoria mental en la que había fijado sus pensamientos y acciones, vagaba entre las sombras y el dolor, hasta que se reajustó ante su propia conciencia.

- ¡¿Aunque lo ayuden, vagará por las regiones de sombras y dolor?! - Le pregunté impresionado por la información.

Más impresionado estaba con la respuesta:

- Sí, lamentablemente. Las leyes de Dios son las mismas para todos. Fuertemente anclado en vibraciones que destruyen la paz, Vito no la recuperará hasta rehacer su taller mental, adquiriendo una nueva forma de pensar y actuar; su periespíritu, llevado a la venerable institución de nuestro plano, donde será uno de los miles que allí yacen, vegetativamente, bajo la custodia de misioneros desinteresados, pero el espíritu, completamente ignorante de tal refugio en sus vestiduras, vivirá momentos amargos, en pesadillas constantes, creyéndose inquilino de regiones infernales.

Meditando por unos momentos, continuó:

– El dolor no es creación de Dios, sino consecuencia de un mal uso del libre albedrío; por la bondad del Padre, no es permanente, porque incluso si los que sufren recalcitrantes no buscan para redimir, deteniendo y retrasando así su futuro feliz, los mecanismos obligatorios les inducirán al remordimiento, el preludio de un nuevo comienzo.

– ¡¿Cómo así?! – Pregunté aun más sorprendido.

– La maravillosa ingeniería celeste que creó nuestro cuerpo físico, para revestir el espíritu, ya cubierto del periespíritu, nos concede el planeta como escuela bendita. Las pruebas terrenales darán fe de nuestro aprendizaje y firmeza, mientras que las expiaciones repararán nuestros eventuales errores, aquellos que nos han hecho desviarnos de las leyes morales. El cuerpo material, por tanto, tendrá un papel preponderante en nuestra evolución, siendo su papel absolutamente indispensable. La enfermedad y el dolor enseñan más que nada el valor de la salud, la mayor bendición terrenal individual, el fruto que se obtiene de la buena conducta, de la conducta cristiana, por ejemplo. Las anomalías corporales, inevitables y por tanto con pulsaciones, que notamos en los hogares pobres y ricos, provocando dolores de todo tipo, casi siempre muestran, en primer lugar, anomalías espirituales. Una vez que se solucionen, desaparecerán.

En ese momento comprendí exactamente por qué había tantos problemas sobre la faz de la Tierra.

Problemas a los cuales Florêncio, captando mis pensamientos, presentó la solución única:

– Siempre repetiremos que el mal es episódico a lo largo de nuestra existencia, ocupando segmentos – algunos períodos de la vida –, pero el bien siempre nos esperará. Una vez en su abrigo – del bien –, hecho que depende exclusivamente de nosotros mismos, remamos hacia las alturas infinitas de la evolución. Antes de eso, si nos comprometemos en actos infelices, tendremos que despojarnos de los marcos engañosos a los que nos hemos encadenado: el placer, la lujuria, la avaricia, la venganza, la envidia, el egoísmo, el orgullo y tantas otras que rodean nuestro espíritu.

Allí, ante mis ojos, estaban claros y cuerdos la unidad de las leyes divinas, que mantienen, a través de la justicia y la igualdad, el equilibrio universal desde la perspectiva individual. Acción y reacción, una vez más reflexioné sobre la sabiduría divina, al hacer que cada ser retome lo que ha construido.

Bendita la Reencarnación – mil veces bendita –, mecanismo sublime de evolución espiritual; concedida por Dios a todos sus hijos, ofreciendo a los disidentes del amor tantas oportunidades de un nuevo comienzo, tantas veces como sea necesaria, hasta que, saldando todas sus deudas, evolucionen, quedándose solo en el bien.

Sublime también es la bondad y el amor del Padre, en esta reconstrucción de su propio destino; todo el Cielo y todo lo que en él contiene quedan a disposición del réprobo, guiándolo en el glorioso regreso al camino que un día lo conducirá a la felicidad.

EL MAL NO PERDONA NI SIQUIERA EL MAL.

En los preparativos del funeral de Vito surgió un problema importante, Marlene.

¿Quién le informaría que ya era viuda y cuál sería su reacción? ¿Cómo convocarla a los funerales? Si fuera así al velorio, ¿cómo se comportaría?

Eran preguntas preocupantes.

Desde su separación no oficial de Vito, los Oreppi la habían aislado, sin que ella hiciera nada para darles razón. La causa había sido su marido infiel, pero sus suegros la culparon de la iniciativa, lo que les resultó inaceptable, ya que tenían una formación moral muy conservadora. Por eso Marlene nunca los había buscado, cultivando el resentimiento.

Gino se encargó de buscarla.

Temprano fue a su casa. La encontró regando el jardín. Cuando vio a Gino estacionar el vehículo, su rostro irradió alegría instantánea. Su corazón casi no cabía en su pecho, tal era la repentina alegría que había entrado en él ante la llegada de Gino.

– "Gino viene a buscarme, ciertamente lamentando su grosería, desde que le confesé mi amor; finalmente, mis desgracias han terminado" – fueron los pensamientos inmediatos de Marlene.

Gino la saludó. La muerte de su hermano lo había dejado con los ojos rojos por las lágrimas que había derramado.

Marlene una vez pensó erróneamente:

- "Debió pasar la noche sin dormir, pensando en mí, arrepintiéndose de lo que me hizo; viene a pedirme disculpas y tal vez proponerme..."

Ofreció su sonrisa más sensual.

Gino besó suavemente su mejilla y dijo:

- Vengo en una misión difícil, Marlene.

- No te preocupes. Entiendo tu respeto y tus sentimientos hacia Vito. Pero él no lo merece... Y ni tú ni yo tenemos la culpa de desearnos.

- Se trata precisamente de Vito...

- Bueno, Gino, sé que está muy enfermo y ahora cualquier acción legal no sería ética, pero en cuanto se determine su salud podremos vivir nuestro amor.

- ¡No, no, Marlene, Vito murió esta mañana!

Marlene se sobresaltó.

- "Si Vito había muerto, ella era libre y Gino no tenía motivos para rechazarla; pero ¿qué representaban esos dos 'no'?"

Él se retiró.

Miró a Gino, intentando penetrar en su alma y descifrar lo que había dentro de él.

Gino, que recién ahora logró hacerse oír, fue objetivo:

- Vito se marchó y vine aquí para decírtelo. Pensé que tal vez te gustaría ir al velorio, así que estoy disponible para llevarte a ti y a los niños.

Marlene casi explota, tal era su revuelta y decepción.

- No voy a llorar por ese sinvergüenza. Demasiado tarde. Tardó un poco, pero me dejó libre. Y si crees que voy a ser la viuda triste, estás equivocado. Voy a vivir mi vida - fue de mala educación, añadió -, y no creo que tenga la misma enfermedad que él. Pregúntele al doctor Marcos, quien vino a aconsejarme que me hiciera pruebas. ¿Exámenes para qué, Gino? ¿Si entre Vito y yo, hace mucho tiempo, ya no quedaba nada?

Gino, para contenerse, buscó y encontró fuerza en la oración, elevando su pensamiento a Jesús.

Fue difícil creer lo que escuchó. Marlene estaba completamente inmersa en el odio y lo más triste de todo era el engañoso pensamiento que él la amaba, o al menos la deseaba. ¿Cómo poder eliminar esta fijación?

Haciendo un balance posible, explicó:

– Necesito regresar para arreglar el entierro. Vine a buscarte, antes de realizar cualquier acción, por la consideración que te tengo y tendré siempre por ti. Además, este momento no es propicio para juzgar a Vito, sino solo para orar por él. Seguro que papá y mamá agradecerían tu presencia y la de los nietos, para el último adiós a Vito.

Marlene detuvo su agresión. Consideró que no sería prudente luchar con los Oreppis ahora, ya que pretendía apoderarse de todo lo que le correspondía. Si como esposa abandonada su independencia financiera había sido limitada, ahora como viuda la ley la protegería. Y el inventario de bienes que heredaría, junto con sus dos hijos, no era pequeño.

– Puedes volver – respondió controlándose – mis hijos y yo iremos pronto. ¿No sería bueno que fuéramos los dos juntos, porque quién sabe, tal vez vaya a botar algún pedazo tuyo? ¿O qué dirán quienes nos vean en el mismo coche? Sin duda, esto sería muy perjudicial para tu reputación de honestidad – añadió enojada.

Gino no respondió. Absorbido. En silencio.

Al retirarse, se dirigió a la planta. Allí ya todo el mundo sabía de la muerte de Vito. Autorizó a los patrones a permitir a los empleados que quisieran asistir al velorio. Luego fue a ver a Karen.

Aunque se amaban, habían acordado no demostrarlo hasta que el tiempo indicara el mejor momento para hacer público su romance. Y el tiempo, como siempre, ya iba abriendo luz en este horizonte brumoso, como, de hecho, se ha abierto y sigue abriéndose en todo el resto del mundo, en todos los tiempos, situaciones y lugares.

Gino y Karen no sabían cómo proceder, el momento era absolutamente inadecuado para sacar a la luz lo que sentían. Acordaron, para justificar su presencia de tiempo completo en el velorio, que permanecería allí en caso de asistir a algún empleado de la planta.

Debidamente autorizada por Gino, en un memorando redactado apresuradamente, quedó a disposición de la familia y eventuales allegados, debiendo el vehículo y el conductor estar preparados para cualquier emergencia.

En ese ambiente de dolor, en varios momentos, Karen se acercó al señor Guerino y a la señora Lízzia, consolándolos. Ambos comentaron entre sí:

– "Qué casualidad, esta hermosa chica se acerca a nuestra familia en dos situaciones difíciles para nosotros, ¿no? Y, lo más interesante, parece gustarle a Gino."

Karen, de hecho, se sintió conmovida por la muerte de Vito, que había aparecido en su vida de manera tan inesperada y ahora tan trágicamente desapareció de ella.

Algo vibró con discordia en su alma, señalándole el camino equivocado que estaba siguiendo voluntaria y conscientemente. ¡Era la voz de la conciencia, advirtiéndole!

Sofocando tan preciosas advertencias, siguió representando el falso guion que había creado para su destino.

* * *

Un mes después que sucediera lo inevitable, el plan de Karen se vino abajo, ya que el bien siempre perdona y el mal nunca.

De hecho, nada es más predecible y seguro, toda actitud que se aleja de la ley del amor se desmorona tarde o temprano.

Cada vez que alguien comete un acto, bueno o malo, pone en funcionamiento engranajes universales, totalmente ajustados por leyes divinas. Tales engranajes funcionan de manera similar, en acción y reacción – causa y efecto –, bajo la constante supervisión de espíritus angelicales.

Por pedido de Florêncio, dejé a Karen y me dirigí a la presidencia de la planta, en la ciudad.

Llegué con el Dr. José dos Santos, el jefe de policía a cargo de la investigación sobre Vito. Ingresado en la sala de la presidencia, informó a Gino de las conclusiones finales del caso.

– La causa, ordenada por el Tribunal, fue archivada tras la muerte del Sr. Vito Grazziano Oreppi y porque no había pruebas ni siquiera sospechas de delito.

Gino agradeció al policía por la información y se disponía a terminar esa vergonzosa entrevista.

El comisario; sin embargo, notando el malestar emocional de Gino, incitándolo a marcharse, pasó directamente a otro punto:

– Sabe, Dr. Gino, durante las investigaciones entrevistamos a muchas personas, con la esperanza de recabar información que pudiera esclarecer los motivos que llevaron al Sr. Vito a ese acto extremo...

Hizo una pausa cautelosa y continuó:

– Afortunadamente quedó comprobado que su hermano hizo lo que hizo, por desesperación, sin ningún responsable, directo o indirecto. Pero... hay una cosa que necesita saber...

Gino, ante la actitud reticente de la autoridad, preguntó incisivamente:

– Por favor dime qué es.

– Se trata de su empleada... Karen.

– ¡¿Karen?! ¿Qué tiene ella que ver con el caso?

– Nada, respecto al problema de su hermano. Pero nos vimos obligados a interrogarla, ya que fue la última persona extraña con la que habló el señor Vito, aquí mismo en esta oficina. Podemos ver que apenas se entrevistó con la Señorita Karen su hermano, demostró que no se encontraba bien, de hecho al enfermarse no regresó a la planta, y dos días después lo hizo...

- Sí. Pero sobre Karen, ¿qué se descubrió?

- Le pido me perdone, pero no puedo quedarme callado, ella es un fraude!

- ¡¿Cómo así?! - Gino se sobresaltó.

- Así es. Volviendo sobre su rastro y recorriendo todos sus pasos, desde la primera vez que vino aquí, descubrimos que antes nunca había visto ni siquiera se había acercado al Sr. Vito. Usando su encanto, su innegable belleza, involucró a la recepcionista y al ascensorista, para saber quién estaba a cargo de esta empresa, en la planta. Sabiendo que era el señor Vito, vino a este piso, dispuesta a entrevistarlo y de alguna manera fascinarlo, o mejor dicho, conquistarlo con su belleza.

- No puede ser....

- Lo siento, pero es la verdad, mientras esperaba ser atendida por él, intentó descubrir algún detalle de su vida privada.

- ¿Cómo podría?

- Dos representantes comerciales, que también esperaban ser atendidos por el señor Vito, le contaron ingenuamente algo sobre él. Los interrogué al mismo tiempo, uno en presencia del otro, cuando se dieron cuenta que habían sido utilizados por ella, se indignaron y temieron perder el contacto comercial con la empresa...

- ¡Dios mío...!

- Así es. Además, también engañó a un empleado de otra sección, del que captó alguna información más, siempre sobre el señor Vito. Armada con tal conocimiento, entró audazmente en esta oficina por primera vez. Ella sintió repulsión por el señor Vito quien, al darse cuenta inmediatamente del engaño, fue incluso grosero con ella, casi expulsándola de su presencia.

Respiró hondo y continuó:

– Pregunté a los tres empleados: la recepcionista, la secretaria y el de la otra sección. Al escuchar lo que ya habíamos tomado conocimiento, no tardaron en deducir la falsedad de la señorita Karen. Lo siento, Doctor. Todo empezó cuando fui a casa de la señorita Karen, sin sospecha alguna, solo para cumplir un trámite legal y ella me trató con no disimulada arrogancia. Inmediatamente sospeché de su actitud, porque si no tuviera nada que ocultar, no tendría motivos para maltratarme. De la experiencia policial de mis dieciséis años de servicio, aprendí que casi siempre aquellos que reaccionan agresivamente a simples interrogatorios policiales tienen autoridad o son culpables de algo. Como no es una autoridad; si ella no me hubiera tratado con tanta dureza, sin nunca me hubiera visto, no habría investigado más sobre ella.

Si la busca, tenga cuidado, porque otra constante en el mundo del crimen o las faltas es que, de cada cien culpables, noventa y nueve juran ser inocentes. Pero los cien son unánimes en una cosa: siempre acusan a la policía de alguna arbitrariedad, intentando así mitigar el crimen...

Lo siento mucho. Perdóneme por entrar en su vida íntima, Doctor, porque sé que tiene un especial respeto por ella. Sin embargo, no podía dejar de contarle todo esto. Sé que no tiene padre y hasta podría entender su desesperación por la pobreza, pero considero que fue demasiado lejos, actuando de forma deshonesta, con premeditación.

Gino, atónito, hizo una sola pregunta:

– ¿Cuándo murió su padre?

– Hace más de quince años.

Cuando el jefe de policía se fue, Gino llamó a Rita a su oficina, así como a la recepcionista y a otro empleado. Confirmó con ellos toda la información que acababa de escuchar. Los tranquilizó sobre cualquier daño profesional, ya que allí puso fin al caso.

Les pidió que guardaran absoluto silencio sobre este asunto.

Devastado, sintió que su vida se encontraba en el tramo más difícil del viaje terrenal, encontrándose con una bifurcación en el camino, considerando que lo que ahora sabía de Karen no era más que una pesadilla, o dejarla y perderla.

Oró, como siempre lo hacía cuando se enfrentaba a problemas. Pidió ayuda a Jesús. Terminada la oración, decidió buscar a Karen de inmediato. Fue a la planta.

Yo también fui con él. Al llegar, la llamó a su oficina.

Karen se sintió sumamente honrada por haber sido abordada por el presidente de la planta. Llegó a la presidencia desfilando, toda tímida, sin ocultar ya el orgullo por la distinción con la que la trataban ante sus colegas.

Tan pronto como entró en la oficina, Gino despidió a la secretaria y le pidió que cerrara la puerta al salir.

Karen, en cuanto estuvieron solos, se arrojó sobre él, abrazándolo y besándolo.

Lo cual fue rechazado. Karen palideció.

– Karen – Gino fue directo al grano –, hace unos momentos vino a mí el comisario que se ocupó del caso de Vito y me aclaró hechos que me entristecieron, pues te comprometen gravemente...

Karen, actuando por puro reflejo defensivo, interrumpió:

– Gino, querido, la policía siempre culpa a personas inocentes por su incompetencia...

Gino recordó las recomendaciones del comisario.

Todavía con la esperanza que realmente hubiera algún error con Karen, comenzó a hacerle una pregunta:

– Karen, recuerdas lo que me dijiste sobre tu padre...

Karen, nerviosa, sintiendo que sus cimientos temblaban, recurrió al chantaje emocional.

– Bueno, Gino – dijo –, mi padre está muy enfermo, pero gracias al trabajo que me diste pude comprarle medicinas y está mejorando...

Respecto a su padre, ya fallecido, desde la primera visita de Gino a su casa, había exigido a su madre, de ser necesario, que confirmara la mentira que diría; más tarde, cuando ya había logrado lo que quería, no importaría si Gino llegaba a saber la verdad. Ella contaba con el poder de su belleza para fascinarlo. Pondría una excusa, como "todo lo que hice fue por amor, porque estaba perdidamente enamorado de ti... no me arrepiento... lo haría todo de nuevo" O cualquier otra mentira.

Gino mostró una gran depresión, causándole dolor en el alma. El dolor por el comportamiento de la mujer que amaba, por primera vez en su vida, lo hirió profundamente.

Sin embargo, su postura, sus gestos, su mirada y su tono de voz no eran los de un juez o inspector, eran los de un hombre enamorado que de repente ve desmoronarse todas las construcciones construidas con inspiración de la felicidad.

Ese fue el momento más amargo de toda su vida.

Karen se dio cuenta de la angustia emocional de Gino y, manteniendo su desafortunado patrón de comportamiento, dio su último paso:

– Soy perseguida por la policía, porque no confiaba en ese policía. ¿Me crees a él o a mí?

Gino no respondió. Simplemente la miró fijamente.

– Vino a casa – continuó Karen –, cuando Vito fue al hospital y nos trató a mamá y a mí con mucha rudeza.

Disparó el último dardo venenoso disponible en su arsenal de mentiras:

– Sé que no debí hacer lo que hice, pero solo fui enérgica con él porque noté, más en su mirada que en sus palabras, otros intereses...

Los celos, esa fue la última arma que sacó Karen para no perder esa batalla, en la que, en realidad, solo ella peleaba, mientras Gino se mantuvo controlado, sin agresiones, sin acusaciones, sin condena.

Recordé algunas enseñanzas que recibí en mi curso de "ángel de la guarda" sobre los celos. Los celos tienen múltiples caras: entre dos seres que se aman, indica falta de confianza, en uno mismo y en el otro; entre dos compañeros, el protagonismo de uno por pequeño que sea, si es causado por él, es una manifestación de envidia, si es causado por el deseo de ascender en la posición de alguien, o de tener posesiones ajenas, refleja frustración e incompetencia; entre los artistas denota el imperio de la vanidad, entre los cristianos ¡no debe existir! Dondequiera que se manifieste, atraerá un clima de beligerancia, incomprensión, locura, y es un inductor persistente de innumerables crímenes, no solo pasionales. Generalmente es disruptivo, pocos son los que afectados por sus fluidos negativos logran mantener la calma y la tolerancia, apoyando a quienes les hacen daño. En definitiva, es una enfermedad del alma.

Me acerqué lo más posible a Karen y traté de convencerla que no siguiera adelante. No me escuchó. Estaba insensible a sus propios pensamientos, ideando mil formas de salvarse. No podía perderlo todo, o mejor dicho, no podía permitir que todo se perdiera, después de haber recorrido ya gran parte del viaje...

Gino no se involucraba en los trucos y los aspectos ácidos de los celos. Incluso si esa joven, a quien todavía amaba, hubiera sido acosada por el jefe de policía, eso no excluía el punto vital del problema; En su acercamiento a los Oreppis, había mentido al principio, a la mitad y ahora, al final...

– Papá – prosiguió Karen, suplicando –, que enfermó, mamá tan pobre...

Allí se desvanecieron todas las dudas sobre la veracidad del mal comportamiento de Karen. Ella realmente era una gran mentirosa.

- Karen, deja de mentir - suplicó Gino -. Sé que tu padre murió hace quince años...

Ella lo miró asombrada. No esperaba eso.

- ¡Es una mentira! - Gritó desesperada.

- Entonces, llévame con él...

Karen se sintió definitivamente desenmascarada.

Gino la miró con una mezcla de ternura y lástima. Ternura, por lo que ella representaba para su corazón; lástima, por los malos actos que había realizado deliberadamente, exponiendo el mal consciente. Karen, perdiendo el control de una vez por todas, corrió hacia Gino abrazándolo inoportunamente.

- Gino, Gino, no me dejes, no hice nada malo, ya no puedo soportar tanta pobreza...

Sus palabras fueron una confesión.

Como el último hilo de aquel vínculo deshilachado, Gino rompiéndolo, casi suplicando, dijo empujándola:

- Karen, no continúes. Te guardaré en mi memoria para siempre. No nubles más este recuerdo. Solo respóndeme, en algún momento desde que nos conocimos, ¿nunca has sentido algo por mí más que interés material?

Cualquiera que sea la respuesta, no lo creería.

Estaba demasiado herido para juzgar que cualquier cosa que Karen dijera fuera cierta a partir de ese momento. Se arrepintió de haber hecho esa pregunta, casi un arrebato, una búsqueda desesperada de alivio al dolor que atormentaba su corazón apasionado.

Karen al darse cuenta que por culpa de los celos no había logrado nada, haciendo que todo su plan se hundiera, vio en las palabras de Gino una última oportunidad, como una boya lanzada en dirección a alguien que se está ahogando. Ella se arrojó sobre él sensualmente, sin razonar más, sino actuando por puro instinto.

Que en ella siempre estuvo para su beneficio, incluso a costa de mentiras, trucos y falsedades.

El cuerpo vibrante y acalorado de aquella joven de deslumbrante belleza, que tanto deseo provocaba en los hombres, se transformó así en el apoyo definitivo para evitar el colapso de su sueño maquiavélico.

Gino sintió el impacto de las vibraciones altamente sensuales de Karen.

La joven buscó con ansia los labios de aquel hombre, para intercambiar con él besos locos, liberando lo que viniera después.

Esta fue la última carta de Karen: en parte pensando y en parte actuando automáticamente, permitió que todas las manifestaciones instintivas del sexo fueran a la libido.

Gino no tenía fuerzas para repeler sensaciones tan fuertes. Su organismo, desde hacía mucho tiempo, reflejando los sentimientos de su alma, había deseado a esa mujer.

En él, desde que conoció a Karen, la idea era de integración, alma y cuerpo; cuerpo y alma.

En ella; sin embargo, al principio solo gritaba la codicia. Vio en Gino más la fortuna y menos el hombre, con poca repercusión en su cuerpo de la idea de una unión constructiva; al sorprenderse con la llegada fruto inesperado del amor, no pudo volver sobre el desafortunado camino que había elegido, en busca de bienes materiales, que le hubieran evitado mayores dolores en el futuro.

Siempre errando en su juicio, consideró que podía disfrutar tanto del amor como del dinero, ignorando que el amor es incompatible con cualquier interés; privilegió lo material, en detrimento de lo espiritual, ignoró que el amor es suficiente por sí mismo y el que más lo da, más recibirá. Como expresión más simple, siempre se dice, correctamente, que en el amor la majestad está en el dar y no en el recibir, el primero pasa de corazón a corazón, con esto como consecuencia, nunca como objetivo. Exigir algo a cambio, en el amor, lo convertiría en una transacción, como tantas, en el comercio.

La moral y especialmente el cumplimiento del deber, una vez instalada en el espíritu, es difícil que se dejen llevar por las trampas del mundo. Frente a las manifestaciones naturales y beneficiosas del sexo, ellas constituyen una brújula segura para el camino a recorrer, ¡el de la responsabilidad!

Gino poseía un apreciable conjunto de ambas virtudes.

El resultado de esto fue que, independientemente del control consciente, espiritual o físico, del cerebro o del deseo, se produjeron simultáneamente una explosión y una implosión. Las dos reacciones se produjeron ante el despertar de los sentidos: una mediante la pasión y el deseo; y la otra, mediante el amor. Sí, sintió que Karen, en ese momento, no solo lo deseaba, sino que también lo amaba. Esto hizo estallar tantas dudas crueles, que durante mucho tiempo habían estado enterradas en sus pensamientos, excluyendo la figura de Vito; sin embargo, se le ocurrió que una unión con ella, si antes, con la sombra de Vito, ya sería indigna, ahora, también en términos actuales.

Espíritu y carne peleando entre sí, el matiz más sutil – lo espiritual –, resonó en Gino, por lo que no correspondió el cariño.

No fue un proceso de pensamiento, sino más bien una reacción instintiva, especialmente mirando su personaje. La verdad es que la vergüenza le ayudó en la situación.

En otro momento, su correcto procedimiento, evitando cualquier relación sexual alejada de la responsabilidad, exigiría ciertamente un esfuerzo mucho mayor para no responder a las peticiones de la libido.

Karen, muy molesta, pupilas dilatadas, trajo su corazón inestable sobre su pecho agitado. El momento fue sumamente incómodo para ambos.

Me di cuenta que Karen estaba a punto de ser víctima de la desesperación, con graves repercusiones físicas y aun más graves espirituales, sumergiéndose en un proceso obsesivo.

Sus casi diecinueve años habían sido, hasta entonces, un constante y total derroche de salud, inteligencia, belleza, apoyo espiritual, esto, más por la formación espiritualista de la familia que la vio nacer que por mi misión con ella. Siempre había hecho oídos sordos a los consejos doctrinarios que su madre le daba con celo.

Nada de esto había llevado a aquella joven a algún logro edificante, a realizar tareas que de alguna manera ayudaran a saldar su deuda espiritual acumulada, contraída en vidas pasadas. Siempre actuó mal, premeditadamente. Y la premeditación, por error, lo empeora. Para obtener lo que quisiera no importaban los medios ni el daño ajeno.

Actuando como un poderoso freno a su comportamiento erróneo, los mecanismos espirituales de la vida, insondables pero perfectos, la sostenían. Esto se debe a que, utilizando sus propias acciones, le extrajeron los medios por los cuales ella podría corregir su vida, incluso en esta reencarnación.

Lo que por el momento parecía una tragedia irrevocable, no fue más que una parada repentina, al borde del precipicio. Algo parecido a cómo, de niños, en nuestro primer día de clases, perdemos la comodidad del hogar y somos llevados a un mundo extraño y aparentemente hostil.

Mis oraciones, urgentes y fervientes en ese momento tan delicado, fueron ayudadas por el personaje de Gino que, aunque afectado por reacciones sensoriales, no cedió a su imperio.

Sin devolver las ardientes caricias, esposó el impulso de Karen. La cuestión es que, aunque el cuerpo del hombre registró la conexión sensual con el cuerpo de la joven, los espíritus vibraron en patrones opuestos; en él, rectitud y tristeza; en ella, frustración y desesperación.

La propia Karen se alejó de él. Se miraron sin poder decir nada.

La joven finalmente rompió a llorar y se fue sin control, asustando a sus compañeros que la habían visto entrar con tanto aplomo.

Como Karen había faltado siete días consecutivos a su trabajo, y sabiendo que estaba "protegida" por el señor Gino, el jefe de personal de la planta se lo informó.

Hace cuatro días, el Dr. Marcos ya le había avisado a Gino de la ausencia y existía una necesidad urgente de un posible reemplazo. Gino, sin comentar lo sucedido entre él y la joven, le pidió al médico que esperara unos días más. No podía imaginar lo que podría pasar, pero confiaba en que el tiempo encontraría una solución. Ahora, después de una semana de correr sin que Karen hablara, se consideró abandono del trabajo.

Gino se mostró discreto con el jefe de personal:

– Envía a alguien a comprobar por qué no ha venido a trabajar. Si ha renunciado a su trabajo, proporciónale una compensación completa por sus derechos laborales.

Ese mismo día Gino fue informado que la joven, buscada en su residencia, declaró que ya no regresaría a la planta, por lo que fue despedida, renunciando al "aviso previo", habiendo sido ya debidamente indemnizada por lo que le correspondía.

Cuando se enteró, Marcos se arrepintió, ya que Karen había sido muy dedicada y cariñosa con los pacientes.

De manera melancólica, el breve período de presencia llegó a su fin en la clínica.

Mucho más triste fue su breve proximidad a los Oreppis.

MALA "SUERTE"

Karen, apática, se hundió en un retraimiento permanente, en reflexiones conflictivas y tumultuosas.

Había estado con ella a tiempo completo desde el desafortunado desenlace de su romance con Gino. Sugirió constantemente el curso de acción correcto, el cultivo de la verdad, en cualquier circunstancia. A veces me escuchaba, a veces hacía oídos sordos a mis consejos.

Después de una semana, tan pronto como la despidieron de la planta y recibió lo que le correspondía, tomó una triste decisión. Insatisfecha por la pérdida de Gino, buscó a una mujer que tuviera fama de adivinadora, de "adivinar la buenaventura" y, sobre todo, de resolver problemas amorosos.

Fui con ella. La mujer vivía en un lugar alejado de la ciudad, cerca de un pequeño bosque, en una casa solitaria, frente a la cual un cartel decía: "Madame Olga."

Dos personas estaban frente a Karen, esperando que les tocara su turno.

Cuando llegó su turno, Karen explicó su problema y le entregó un recorte de periódico en el que Gino aparecía de manera destacada y le pidió a la mujer que le hiciera un "trabajo" que lo hiciera regresar a sus brazos.

Madame Olga, nada más ver el recorte de periódico, dedujo que se trataba de alguien muy bien situado en la vida. Cobró mucho, alegando la necesidad de compensar con oraciones, velas y ofrendas a la entidad espiritual que se ocuparía del asunto.

El "problema" era que Gino regresaba a los brazos de Karen. Garantizó que dentro de diez días, en la Luna nueva, todo estaría resuelto. Karen pagó felizmente.

Yo; sin embargo, nunca me había sentido tan infeliz. Me retiré a la oración, esperando los acontecimientos. Intuitivamente me quedé en la cabaña.

En cuanto a Karen, ansiosa, esperaría, sin salir de casa ni un minuto, los diez días recomendados "para alcanzar su suerte."

Permanecí en oración, rogando a Jesús que intercediera por ella. Me di cuenta que ese último paso, con graves consecuencias futuras, podía poner en peligro, de una vez por todas, su presente reencarnación, con una pérdida total de aprendizaje. Más que pérdida, carga de nuevas deudas espirituales.

Junto a "Madame Olga", también recé por ella. Decir que oré es aliviar mi angustia, apelé. Le pedí al Maestro que sucediera algo "muy fuerte" para evitar la fatal caída de Karen al abismo, en cuyo fondo probablemente encontraría a "la Madame."

Jesús me respondió. Sucedió "algo muy fuerte": Letes vino a verme y me informó que, según las instrucciones de Florêncio, ambos deberíamos estar de servicio con "Madame Olga."

– "¡¿De servicio, aquí ?!" – pensé, asombrado.

Lejos de Florêncio, casi siempre lograba contactar con él, a través del pensamiento. Pero, tanto en su presencia como en la de Letes, nuestra comunicación era instantánea, mental.

Esta extraordinaria forma de comunicación entre espíritus ya había sido aclarada en la pregunta número doscientas ochenta y dos de *El Libro de los Espíritus*. En el curso que tomé, preparándome para la tarea actual, se debatió intensamente. Aprendimos que la comunicación espiritual se realiza utilizando como vehículo el fluido universal, que transmite el pensamiento, así como en la Tierra el aire transmite el sonido.

Los estudiantes llevamos a cabo una formación exhaustiva que nos permitió experimentar la maravilla del diálogo de espíritu a espíritu, cerca o lejos, sin usar nuestras voces.

Letes también debe haber aprendido todo esto. Bueno, tan pronto como terminé de pensar, respondió:

– Florêncio informó que es hora que la "Madame" despierte a los compromisos sagrados de la mediumnidad, hasta ahora utilizados por ella de manera vil. Decenas de espíritus encarnados y principalmente desencarnados han sido esclavizados por ella y el plan espiritual ha decidido que ha llegado el momento de despertar su conciencia del mal que están haciendo.

Me quedé impresionado y no sabía qué pensar.

– Gino no necesita nuestra protección – completó Letes la información –, contra las perniciosas influencias que se están dirigiendo hacia él, desde que Karen contrató a la "Madame." La propia Karen estará tranquila estos días, esperando. Por tanto, nuestra tarea está aquí, con "Madame."

Así que nos quedamos en esa casa solitaria, cerca del bosque. Durante una breve visita al interior, nos llamó la atención el ambiente, en la "oficina" – una habitación rústica –, sobre un viejo tocador, velas encendidas e imágenes, decenas de imágenes, duplicadas por un espejo estropeado, marcan la pauta por el clima espiritual y negativo.

En varios lugares de la sala, espíritus con rostro mudo, en cuclillas, esperaban órdenes.

En otra habitación, una cama doble deshecha indicaba que allí dormían dos personas. En una caja de cartón, había decenas y decenas de hojas sueltas, con los nombres y direcciones de "consultas", algunas con fechas antiguas y otras, actuales. La cantidad demostró que Madame Olga "trabajaba" mucho. La minúscula cocina y el baño, con total falta de higiene, demostraban abandono. Disimulamos nuestra presencia, tratando de actuar en una apariencia similar al de los espíritus de servicio.

"Madame" registró en su subconsciente que el patrón vibratorio había sido modificado, pues sentía sensaciones extrañas recorriendo su cuerpo.

Letes y yo, con mucho esfuerzo, neutralizamos nuestra mente, evitando la emisión de pensamientos. O mejor dicho pensamos que sí; sin embargo, desviándolos a alguna actividad, en este caso lo arreglamos sobre una gran roca, como si intentáramos levantar una piedra pesada hasta su cima. Una vez que llegábamos a la cima, la piedra siempre caía y empezábamos de nuevo.

Extraímos este pensamiento de nuestra memoria, trayéndolo de una de las clases de nuestro curso de ángel de la guarda. En esta clase, nuestros instructores, comentando el miedo a la muerte, citaron la mitología griega, según la cual el rey Sísifo, por haber intentado engañar a los dioses y escapar de la muerte, fue condenado a esta tarea eterna.

Desde aquella época, el "mito de Sísifo" simboliza la condición humana de quienes ignoran la inmortalidad del espíritu y la existencia de vida en el plano espiritual: la verdadera vida.

Elogié este entrenamiento defensivo en nuestro curso, enseñándonos, cuando estamos en misión en lugares materiales degradados, a desviar nuestros pensamientos, para evitar que los espíritus encarnados infelices "detecten" nuestra presencia. Como complemento a la clase, se preguntó cómo proceder ante la misma situación, pero a nivel espiritual. Los instructores respondieron que esto requeriría una condición espiritual ascendente por parte del misionero...

La respuesta, lejos de ser ambigua, como podría parecer, fue meridianamente clara.

Tanto es así que nadie pidió aclaraciones...

En casa de la "Madame", nuestra "ardua tarea" resultó providencialmente útil, ya que ella se calmó.

Vimos llegar otros encarnados, más mujeres que hombres, trayendo problemas, todos situados en el campo afectivo. Fueron atendidos individualmente. Después de pagar los honorarios cobrados, se fueron esperanzados, creyentes que trajeron la "solución", y que dejaron atrás los problemas, ahora pertenecientes a "Madame."

Algunos pagaban más que otros, ya que "la Madame" era autodidacta en psicología, era una hábil negociadora, sacaba dinero de los incautos, según sus medios, percibidos solo por el diálogo que mantenía hábilmente.

Adivinando, la Madame intuía bien, la situación financiera de sus consultores.

Al igual que Karen, todos pensaban que tenían "suerte." Suerte infeliz, pensamos Letes y yo.

VAMPIRISMO

Quedamos asombrados por los oscuros acontecimientos espirituales que vimos en aquella choza con apariencia tan inocente y encarnada. Por la noche, en su habitación, Madame se reunió con su compañera encarnada para filtrar los casos, eligiendo aquellos que prometían retornos futuros. Los estuches elegidos se colocaron sobre el tocador, debajo de un cuadro, el resto simplemente se arrojó en la caja de cartón. Luego, para cada caso "aprobado", la señora daba una orden mental a una de aquellas tristes entidades espirituales allí radicadas, quien rápidamente salió de la casa, dirigiéndose hacia el interior del bosque. Pronto regresó, en compañía de un espíritu que Madame Olga llamaba "trabajador", sus trabajadores.

Karen estaba "aprobada." Su trabajo ocupó el cuarto lugar entre los pedidos del día.

Prestamos atención al primer "trabajador" llamado esa noche para atender un caso solicitado hacía unos días. Era oscuro, sus brazos estaban cubiertos de plumas oscuras, pegadas a la piel con una extraña baba. Llevaba una vasija, parecida a una vasija de barro, sin asa, con bordes dentados, que contenía un líquido también pegajoso. En perfecta sintonía con el espíritu, cuya llegada se detectó de inmediato, nada más entrar a la habitación, "Madame" pronunciaba en voz alta los nombres y direcciones tanto del consultor como de la persona que era "condicionada" por él. Tan pronto como recibió esta información, el "trabajador" se fue, demostrando perfecta conciencia de lo que tenía que hacer al día siguiente.

Pensé en lo lamentable que tal mediumnidad se desvía de las direcciones evangélicas, de ayudar a los demás... Cuando amaneció, Letes y yo decidimos seguir a uno de los "trabajadores", pero nos mantuvimos en una vibración diferente a la de él, para no ser notados.

Estábamos interesados en comprender todo el mecanismo espiritual de esas acciones, para poder ayudar mejor a quienes estaban involucrados en ellas, comenzando por Karen. ¿No era ésa la finalidad por la que Florêncio nos había elegido para ver a Madame Olga?

El espíritu, antes de partir, saludó a los otros dos que estaban con Madame Olga, ordenándoles que lo siguieran.

Los espíritus obedecieron, como ovejas adiestradas.

Moviéndose con dificultad, el trío llegó a la ciudad y entró en un despacho de abogados.

Nildo, un abogado de unos cuarenta años, responsable del despacho, estaba estudiando un caso cuya defensa debía presentar ese mismo día en el Tribunal.

Lo que vimos a continuación nos impresionó. El espíritu que lideraba el grupo dejó la olla sin asas un el rincón y se acercó a Nildo. Con las manos tapándole los oídos, comenzó a apretarle la cabeza, aplicando una presión muy fuerte, como si quisiera "apretar" el cráneo del abogado. Inmediatamente se sintió mareado y sintió una opresión en el pecho.

El obsesor, continuando con el cruel "masaje", colocó el pulgar y el índice de una de sus manos en la nuca del hombre y con todos los dedos de la otra mano unidos, como en un manojo, le aplicó presión, hasta la parte superior central del cráneo. Desde la nuca, en la parte final de la médula espinal, atravesándola, se elevaba una especie de vapor oscuro que envolvía las regiones de las circunvoluciones occipitales y luego las temporales. Una sustancia idéntica, aun más siniestra, desprendiéndose de los dedos unidos del espíritu, "descendió" dentro de la cabeza, encontrándose con la que venía de la médula. Aparecieron rayas oscuras en el tálamo, que en una ligera convulsión pasó presionando la glándula epífisis; ésta, con un brillo tenue, como si "se hubiera apagado."

Nos dimos cuenta claramente que tal maniobra impedía al hombre pensamientos más nobles, en particular la oración.

El efecto fue devastador, Nildo intentó levantarse y no pudo. Católico, creyente en Dios y Jesús, aunque no era un asiduo asistente a la iglesia, su aura tenía colores algo descoloridos, pero que demostraban que no era malvado. Un hombre como tantos otros que, moralmente frágiles, no pueden resistir las tentaciones mundanas, incluido el adulterio, preferentemente con parejas sexuales diferentes, ya que tales tentaciones, pronto saciadas, son abandonadas en busca de otras...

El "trabajador", entonces, comenzó a emitir imágenes de sexo salvaje, concentrándose en la región orgánica del bajo abdomen de Nildo, donde se encuentran los órganos sexuales.

El abogado tenía un ángel de la guarda, Geraldo, que se presentó en ese preciso momento. Nos saludó a Letes y a mí, y después que nos identificamos habló de su tristeza por no haber sido atendido.

No pude evitar pensar, "uno más, entre miles, millones tal vez."

Intentó acercarse a su pupilo. No pudo hacerlo, ya que había una barrera formada por los pensamientos sensuales que capturaba, iniciando la armonía con el obsesor.

Sin embargo, en oración lo ayudó un poco. Nildo, con la ayuda de esa oración, logró con gran dificultad, casi sin poder hablar, llamar por intercomunicador a la secretaria, quien se apresuró a auxiliarlo. Al ver a su jefe jadeando, en pésimas condiciones, le ofreció un vaso de agua, que bebió de un trago.

El "trabajador" de Madame Olga se molestó por la presencia de la secretaria y se alejó de Nildo, quien dio señales de mejoría. Nildo, agradeciendo a la secretaria, la despidió informando que se encontraba bien, atribuyendo el "ligero malestar" a preocupaciones por el importante proceso.

Como queríamos entender qué quería el espíritu y cómo actuaba, permanecimos invisibles, pero lo suficientemente cerca como para poder actuar rápidamente si fuera necesario. Le contamos a Geraldo nuestro propósito y le ofrecimos cooperación.

De mutuo acuerdo y con tristeza, respetamos el libre albedrío de Nildo. Sin embargo, permanecimos alerta, listos para interceder en su nombre, si su condición parecía comprometida y recibíamos instrucción superior a este respecto.

Los tres sabíamos que, ante situaciones de grave peligro para una persona encarnada, según el mérito, es común que el ángel de la guarda reciba autorización para evitarlo o mitigarlo.

En el mundo, a esto a veces se le llama "suerte."

Tan pronto como la joven se fue, el espíritu volvió a la práctica obsesiva. Después de masajear brutalmente la cabeza del abogado, se dirigió a la vasija, donde metió las manos. Regresó con Nildo, untándole la cabeza y el área del corazón. Sin creer lo que estábamos viendo, notamos que el cerebro y el corazón del hombre, conectados con los del espíritu obsesivo, comenzaron a formar un único sistema vibratorio, como interconectados por conductores eléctricos. El mando del sistema estaba subordinado únicamente al "trabajador..."

Sin embargo, lo que más nos sorprendió fue la siguiente acción, que aclaró el motivo de aquellas medidas precursoras; el espíritu acercó su boca a la oreja del abogado y pronunció, varias veces, un nombre femenino, el mismo que le había dado Madame Olga, que era el de la mujer que había pagado para recuperar a su amante. En el mismo momento el hombre se acordó de su amante, a quien había abandonado hacía algún tiempo. De pie frente a Nildo, comenzó a imaginar escenas sexuales crudas, pronunciando siempre ese nombre, durante algún tiempo.

Nildo no podía concentrarse en su trabajo porque su mente no le obedecía. No pudo detener el vagar de pensamientos que obstinadamente se aferraban a los recuerdos de su ex amante. Con tristeza, notamos que la región genética del hombre comenzó a vibrar intensamente, tornándose de un rojo fuego.

Curiosamente, sin motivo aparente para el abogado, su instinto sexual se despertó, exigiendo...

Una vez obtenido este grado de influencia, el espíritu abandonó al abogado, ordenando a los asistentes que repitieran el "masaje" cada hora, tal como lo había hecho él.

Los asistentes simplemente bajaron la cabeza, demostrando que habían entendido la orden y la cumplirían.

Acordé con Letes que me quedaría allí por algún tiempo y que él seguiría al espíritu. Más tarde nos encontraríamos en la cabaña de Madame Olga.

Durante las siguientes dos horas, los asistentes espirituales repitieron la operación que les había sido asignada. Las sugerencias sexuales que imaginaban eran aun más perniciosas que las del "trabajador."

Tras finalizar el segundo "masaje", Nildo se perdió los encuentros con su ex amante. La llamó y concertó una reunión para esa tarde, ofreciéndole recuperar el tiempo perdido, con "una de esas tardes calurosas como en los viejos tiempos..."

La voz había cambiado de tono, empezando a destilar sensualidad. No se daba cuenta exactamente de lo que hacía ni de lo que decía. Solo sabía que era urgente satisfacer las exigencias del sexo, que no permitía ninguna restricción. Los dos asistentes, antes de llegar allí, estaban sumergidos en un bajón. Una vez que el deseo sexual del abogado empeoró, mostraron un notable cambio de actitud, como si hubieran recibido una poderosa vitamina, con un rápido efecto, se volvieron más livianos. Corrieron de regreso al bosque y al llegar informaron de la misión cumplida al jefe que los esperaba. Yo los acompañé.

Letes también estaba cerca. Intercambiamos información sobre lo que habíamos presenciado.

Poco después, Letes me llevó hasta un pequeño claro, dentro del bosque, y nuevamente casi no creí lo que vi. Alrededor de un fuego encendido por Madame Olga, decenas de espíritus, todos untados con el mismo líquido repugnante, sostenían en sus manos vasijas similares a las del "trabajador." De hecho, allí se encontraban otros "trabajadores" reunidos, esperando trabajo, bajo las órdenes de aquella mujer con un excelente potencial mediúmnico que tan mal se aprovechaba.

No pude evitar un ligero análisis comparativo. A menudo, en las entradas de ciudades medianas o grandes, se reúnen hombres sanos que se ofrecen a cargar o descargar mercancías en los camiones que llegan. En algunas regiones se les llama "estibadores." Son hombres sencillos, generalmente sin educación, enfocados en un trabajo honesto que requiere mucha fuerza física.

La mayoría de ellos se entregan a esta difícil tarea, ante la dificultad de encontrar otro trabajo. Durante la estación fría, enciencen un crudo fuego con ramas recogidas en los alrededores de donde hacen su "punto" – generalmente, al costado de la carretera –, y alrededor de él pasan horas y horas de guardia, esperando ganarse su "pan diario", para sí y su familia. Muchos conductores, en dificultades, ya han sido ayudados por éstos, pues son buenos y respetuosos.

Ya en aquel bosque, materialmente considerado "sin alma viva", tantos espíritus, también de servicio, con los periespíritus todavía fijados en las sensaciones terrenas – tanto que el fuego los calentaba –, esperaban trabajo, pero eran tan infelices...

Pronto nos dimos cuenta que este era el lugar donde el líquido era producido por dos equipos diferentes, uno, encargado de adentrarse en el bosque, en busca de tallos y hojas de ortiga y espino, de donde extraían una especie de esencia, similar a un ácido, mientras "hervía"; el otro equipo se dirigió a un matadero cercano, donde los buitres se alimentaban de las entrañas y otras partes inutilizables de animales sacrificados clandestinamente, que luego eran desechadas. Disputando con las aves, aquellos espíritus exprimieron los restos, extrayendo una sustancia pastosa.

Todos los espíritas saben que los animales no tienen mediumnidad, sino que tienen percepción espiritual indeterminada; allí, de vez en cuando, algún buitre daba un pequeño salto, como asustado por algo invisible: ¡eran los espíritus los que, cubiertos de periespíritus tan toscos, los espantaban!

Es poco probable que un encarnado que pase por allí indicase la causa de esos pequeños saltos de pájaros.

Cuando se colocaron partes de las dos "materias primas" en los recipientes, de la mezcla resultó el líquido que tanto asco me causaba.

Asombro sobre asombro, en ese momento vimos llegar a Madame Olga, cargando tres gallinas de plumas negras. Les cortó el cuello, con la mayor naturalidad posible, esparciendo la sangre en un círculo alrededor del fuego, pasando por los vasos antes de llegar al suelo.

Así se produjo ese líquido pegajoso. Aprovechando el holocausto, varios de esos espíritus se lanzaban hacia los pájaros muertos, sostenidos por Madame, chupando vampíricamente la posible vitalidad que aun existía.

Luego, los pájaros fueron arrojados al fuego. Letes, para asombrarme aun más, dijo:

– Bueno, explicó Florêncio, el otro día, que la Química, contrariamente a lo que muchos materialistas suponen, no es la primacía terrenal, la producción de bebidas, sustancias tóxicas, venenos, gases mortíferos utilizados en la guerra y muchas otras transformaciones o combinaciones químicas, siempre tienen un alto nivel de autoría espiritual inspiradora.

Continuó tranquilamente:

– ¿Sabes por qué Florêncio me dio esta información?

– No ¿por qué?

– Le pregunté cuál era la explicación para que el SIDA causara víctimas entre personas que ya tenían tantos problemas, como los homosexuales y los drogadictos. Me respondió que, en cuanto a los homosexuales, las primeras víctimas del síndrome que en el momento de su descubrimiento se llamó "cáncer gay", les ayudó en su etapa actual de repensar y reprimir esta tendencia, impresa en sus mentes, casi siempre por locuras en vidas pasadas; Incluso si no ponían fin a la práctica homosexual, ahora eran mucho más cautelosos, lo que representa un despertar, vago, es cierto, para ajustar los instintos sexuales, pero el despertar moral es siempre un amanecer que presagia una reforma interior.

En cuanto a los drogadictos, el segundo grupo de riesgo de SIDA, fueron alcanzados por la práctica de la llamada "jeringa colectiva", la inyección intravenosa de cocaína líquida; sin embargo, la aparición del "crack", que reemplaza esta aplicación de cocaína, no tampoco señalan que el cambio en el consumo, menos en términos de precio y más en la forma de asimilación, individualiza el riesgo, ya que, al sustituir la jeringa con cocaína disuelta, utilizada simultáneamente por muchos, por la cruda pipa con "crack en piedra", elimina el contagio sanguíneo; los consumidores de cocaína, transformándose en consumidores de "crack", desechan el VIH; con el "crack", ahora de consumo mayoritario entre los adictos, el núcleo de los daños físicos es individual, empezando por las enfermedades respiratorias y cerebrales, no ya por la propagación de VIH entre muchos...

Letes pensó por un momento y continuó:

– Florêncio también me enseñó que a los heterosexuales promiscuos, el SIDA también tiende a impedirles este procedimiento imperdonable. La enfermedad está alertando a quienes actúan de esta manera, por el respeto a su compañero constante, induciéndolos a la "fidelidad obligatoria"; sin esfuerzo, se puede comprobar, en todo el mundo, el estallido de lo que podríamos llamar la "tercera ola" de SIDA, que afecta a parejas fieles, generalmente esposas, infectadas por esposos infieles, con la extensión de los daños a los niños nacidos ya con El SIDA, en el llamado "contagio vertical."

Para complementar nuestros análisis, acompañamos a Nildo, en su aventura extramatrimonial vespertina.

La ex amante, completamente feliz, se sintió satisfecho por la "maravillosa" competencia de Madame Olga, que en menos de cuatro días le había devuelto su objeto de deseo perdido.

De esta aventura, cabe señalar solo que los dos espíritus que habían ayudado al "trabajador" aparecieron en el lugar de la intimidad de los amantes, convirtiéndose en participantes más activos que ellos mismos.

Se trata de una triste simbiosis en la que los encarnados suministran a los desencarnados sensaciones indignas. Por eso el Espiritismo, muy acertadamente, llama vampirismo a estas interrelaciones, que conducen inevitablemente a procesos obsesivos, que se desarrollan en trayectorias largas y dolorosas.

EL EVANGELIO: ¡LA FUERZA SUPERIOR!

Hicimos prácticas con Madame Olga durante cinco días.

Seguimos y fuimos testigos de otros "trabajos", cuyos procedimientos no cambiaron. De los cuatro casos, dos no prosperaron, los objetivos mantuvieron una vigilancia espiritual regular y los "trabajadores" no pudieron hacer nada. Era hora de encontrar a Karen.

Madame Olga, por la noche, como siempre hacía, convocaba mentalmente a uno de sus "trabajadores"; guardaba sobre su colchón la foto de Gino del periódico y la dirección de la sede de la planta donde permanecía por más tiempo. Sintonizando la llegada del espíritu que había sido convocado, leyó el nombre de Karen, el nombre de Gino y su dirección tres veces.

Una preocupación indefinida me invadió cuando pronunció la dirección de Karen. Además, no pude evitar lamentar el error que cometió esa mujer, distorsionando el uso de tan eficiente mediumnidad.

Luego de recibir la información, a la mañana siguiente el "trabajador" acudió con dos asistentes.

Fueron seguidos por Letes y yo, sin que nos vieran.

Al llegar a la sala de presidencia de la planta, Gino se encontraba allí firmando varios documentos.

Cuando el "trabajador" intentó acercarse a él, no pudo alcanzarlo, y solo pudo mantenerse a unos pasos de distancia. Forzó, maldijo, blasfemó, imprecó, pero no pudo acercarse a Gino.

Incluso desde la distancia, gritó el nombre de Karen, intentando romper la barrera invisible, en un esfuerzo que resultó inútil.

Médium, Gino dejó por un momento los documentos y cogió su inseparable *El Evangelio según el Espiritismo*, sintiendo una necesidad indefinida de leer un extracto. Lo abrió y leyó el texto "Los enemigos desencarnados", en el capítulo 12.

El espíritu obsesivo, desesperado, intentó arrojar todo el líquido que contenía su vasija sobre la cabeza de Gino. Tuvo una sorpresa desagradable y aterradora, el líquido se volvió contra él, inmovilizándolo por completo, como si lo hubiera golpeado una parálisis total e inexplicable.

Los dos asistentes huyeron despavoridos.

Al ver al "trabajador" inmovilizado, Letes y yo pensamos que sería caritativo llevarlo a una sala de emergencia espiritual. De común acuerdo lo llevamos al Centro Espírita que frecuentaba Gino, donde quedó al cuidado de guardianes espirituales apostados allí a tiempo completo.

Regresamos con Madame Olga.

Los dos asistentes del "caso Karen" llegaron poco después, pues tenían miedo de regresar por su fracaso. Cuando esto ocurría, eran castigados, ya que Madame no les asignaba tales tareas durante un largo período de tiempo, dejándolos "en ayunas", como solía decir.

Y para ellos, la privación de eventos eróticos totalmente rebeldes e inferiores era peor que tener hambre o sed. Madame Olga registró espiritualmente lo sucedido, antes que los dos desafortunados transmitieran cualquier noticia, lo que ella captó tan bien, a través de la mediumnidad. Se quedaron castigados.

En tales situaciones, Madame consideró prudente no insistir. Antes de cerrar el caso, tomó una medida que consideró cautelar: designó un equipo de tres "trabajadores" para ir a la dirección a la del consultor, para desalentar sus pretensiones.

Fuimos con ese equipo a la casa de Karen.

Al llegar allí, encontramos a Clóvis, el compañero encarnado de Madame Olga, entrevistando a Karen. Este individuo tenía la costumbre de visitar consultores, fueran aprobados o no, para extorsionarlos. Genialmente, siempre involucró a las víctimas.

Con Karen no fue diferente: identificándose como el "agente" de Madame Olga, encargado de los arreglos materiales destinados a complacer a "los guías", logró que ella le diera más dinero.

Clóvis no estaba al tanto del fracaso del reclamo de Karen. Al recibir el dinero, fue al bar donde se reunía con amigos, pasando allí la mayor parte del tiempo, bebiendo y jugando a las cartas, un juego por dinero. Letes lo acompañó. Más tarde me dijo que Clóvis, que perdía más que ganaba, ocasionalmente pedía sumas prestadas a un prestamista. Deducimos que solo podía pagar los préstamos acechando a las consultantes de su socia, Madame Olga.

Así, muchas de las personas que buscaron a la adivina fueron doblemente expoliadas.

Esperanzadas, todos pensaron que eran felices.

Los espíritus que llegaron a la casa de Karen no tuvieron dificultad en acercarse a ella, en una extraordinaria demostración de apareamiento fluídico, entre encarnados y desencarnados, fijos en una misma idea. Todo en obediencia a la maravillosa ley espiritual de la atracción, yendo en contra de la corriente evangélica, como lamentablemente sucede la mayor parte del tiempo en la Humanidad.

Inicialmente la envolvieron con fluidos negativos que fueron inmediatamente asimilados. Entonces, comenzaron a proyectar imágenes mentales acerca de Gino: lo mostraban malvado, infiel, libertino, rompecorazones.

Acercándose al oído de la joven, comenzaron a sugerirle que renunciara a Gino, ya que era tan hermosa que pronto encontraría una pareja mejor; él la había abandonado cruelmente y volvería a hacerlo toda su vida si se acercaran. Había tres obsesores contra un encarnado.

No contaron; sin embargo, con la resistencia de la joven, doblemente fortalecida, primero, por la codicia, y luego, sumada a la visita del amor a su corazón. Gino, para ella, representaba la realización del mayor ideal, la felicidad, completa y suprema, material y sentimental.

Consideré oportuno ayudar a Karen y también a los espíritus infelices. Ni ella ni ellos aceptaron, rechazándome enérgicamente, sordos a las sugerencias evangélicas que les dirigía.

Después de tanto insistir, durante tres días los espíritus obsesivos lograron alcanzar a Karen, quien comenzó a experimentar apatía, somnolencia y falta de apetito. Sin embargo, día y noche mis pensamientos se centraban en un solo foco, Gino.

Dormía unas horas durante el día, por la noche empezó a tener insomnio. Como resultado, se produjo un duelo mental entre ella y sus obsesores, ambas partes fijadas en objetivos inferiores. Karen enfermó, se debilitó físicamente y contrajo un ataque severo de gripe que la dejó devastada. Durante dos noches deliraba, sufría ataques de tos convulsiva y parecía ahogarse. Tan pronto como se quedó dormida, comenzó a tener pesadillas en las que Vito la condenaba, Aurélia suplicaba ayuda, el doctor Marcos la reprendía, Gino le daba la espalda y Clóvis le exigía dinero, jurando venganza por la falta de pago.

Esas escenas, que le causaban dolor moral porque eran vividas intensamente, fueron extraídas de su conciencia. Considerando que el sueño debilita los vínculos que unen el espíritu al cuerpo, asumieron su verdadero carácter, el de realidad espiritual, la única que cada ser incorpora a su existencia, para la eternidad.

Los espíritus que la acosaban consideraban que su misión estaba cumplida.

Su madre, pobre y poco trabajadora, intentó medicarla con remedios caseros.

No la dejé ni un minuto.

Cuando su condición empeoró, buscó ayuda de vecinos piadosos, a quienes sugerí visitarla; un médico, familiar de los vecinos, los visitaba, ofreciéndose a atender gentilmente a la paciente, medicándola.

Al mismo tiempo, su madre pidió a un equipo de médiums pasistas del Centro Espírita al que asistía a que vinieran a administrarle pases a su hija.

Tan pronto como entró el equipo mediúmnico, los espíritus obsesionadores se confundieron. Cuando uno de los médiums leyó un extracto de *El Evangelio según el Espiritismo*, desistieron de continuar la misión y abandonaron la casa.

Con los pases y la ausencia de lamentables acosos, Karen se fortaleció espiritualmente, reflexionando sobre su físico, con lo cual los medicamentos produjeron un efecto benéfico.

Habían pasado dos semanas desde que Karen buscó a Madame Olga. Enojada por no ver cumplido su deseo, empezó a sospechar que había sido engañada, ya que había pagado dos veces, sin resultado alguno.

En el fondo surgió la idea de intentar recuperar el dinero que había gastado tontamente. Fue una admisión del completo fracaso de Madame Olga. Concluyó que si Gino tuviera que buscarla ya lo habría hecho. Una vez decidido, se dirigió a la choza, en el bosque, dispuesta a recuperar su dinero a cualquier precio. Nadie se burlaría de ella. Igual que ella, tan inteligente.

Al acercarse, se sorprendió: algunas personas salían apresuradamente de la cabaña de Madame, de cuyas puertas y ventanas salía humo.

A diferencia de los demás, corrió más cerca para identificar mejor la magnitud del posible incendio. La puerta de entrada estaba abierta de par en par y dio un paso hacia la sala de consulta. Sobre el tocador estaban las imágenes y muchas velas encendidas. En medio del humo que salía de otra habitación, no pudo ver a nadie.

Estaba a punto de irse, ya parcialmente golpeada por el humo, cuando escuchó gemidos.

En una mirada que grabaría positivamente el acto en su espíritu, sorprendentemente no retrocedió, ya que los incendios siempre han constituido un escenario de grave peligro para cualquier criatura. Se despertó el sentimiento de fraternidad, largamente dormido. Y despertó precisamente en uno de los momentos en que aflora la virtud poco practicada, como el fuego provoca pánico en casi todos los seres vivos.

Pero Karen era un espíritu fuerte y experimentado, a través de múltiples reencarnaciones, factores que surgieron en un segundo. ¡Hermandad, radiante sol interior!

Actuando solo por reflejo, corrió hacia el interior del inmueble, superando el humo, con la intención de ayudar. La entrada a la habitación estaba chamuscada por una lengua de fuego. Identificó que de allí salía el fuego y los gemidos, que eran cada vez más angustiantes.

Pudo ver a Madame Olga tratando de levantar a su pareja de la cama, quien simplemente se retorcía sin poder levantarse. A la mujer le faltaban fuerzas. Algunas prendas de Clóvis estaban en llamas. Madame se giró para salir de ese pequeño infierno ardiente, ya que en pequeños puntos su ropa también ardía. Al dar el primer paso hacia atrás y darse la vuelta, chocó con la joven, recordando de inmediato que ella era su consultora. Se miraron fijamente durante un instante, que para ambas podría ser tan largo como un milisegundo o un siglo.

Miraron al hombre, agonizante de dolor, luchando por levantarse y cayendo, cada vez más asfixiado.

Las dos mujeres, uniendo fuerzas, sin pronunciar palabra, luchando contra el instinto de supervivencia, lograron, con mucho sacrificio, arrastrar al hombre desde el dormitorio hasta la sala. Desesperadas, intentaron sacarlo.

Inesperadamente, Madame cayó al golpear su espalda contra el tocador, derribando las imágenes y las velas. Al caer, soltó el brazo de Clóvis, el cual tiraba enérgicamente, y el cuerpo del hombre cayó con fuerza. Madame sufrió un profundo corte en uno de sus brazos, provocado por una de las imágenes rotas y el combustible de las "velas votivas" que cayó sobre ella prendiéndole fuego.

Karen, perdiendo el equilibrio, también cayó. Se golpeó la cara con el cabo de una vela aun encendida. Aunque duró poco, una pequeña llama le quemó el rostro, una herida más grave provocó el contacto con el líquido hirviendo de la vela, que se adhirió a su rostro.

Incluso con un dolor insoportable, las mujeres finalmente lograron sacar a Clóvis.

Algunas botellas de alcohol explotaron, generando violentas llamas que terminaron consumiendo el edificio.

Los curiosos permanecían a distancia, sin el menor impulso de ayudar. De mala gana, algunos, al ver a las mujeres heridas, las apoyaron y cargaron a Clóvis, dejándolo en un lugar seguro.

Sin dificultad, todos se dieron cuenta que Clóvis estaba muerto. La vegetación seca también se incendió, llegando hasta el bosque, en unos minutos eliminándolo del paisaje.

Madame, entre lágrimas y abrazada a Karen, al ver el fin de todos sus bienes, contó la causa del incendio:

– Clóvis estaba borracho y de alguna manera dejó caer una vela encendida en la caja donde se guardaban varios papeles. Sin control, derramó la bebida sobre la cama y la ropa. Al escuchar sus gritos corrí a ayudarlo y lo vi tratando de apagar el inicio del fuego, fue entonces cuando vi que su ropa se incendiaba y se arrojó sobre la cama, donde se avivaron las llamas.

– Creo que el terrible dolor y la asfixia por el humo – concluyó entre convulsiones –, hicieron que se desmayase. Fue entonces cuando, gracias a Dios, llegaste.

Luego de la dolorosa narración, se desmayó.

– "Gracias a Dios" eran palabras que los labios de Madame no habían pronunciado desde hacía años.

– "Gracias a Dios" – pensamos Letes y yo.

Desde un punto de vista espiritual, ocurrieron muchos otros acontecimientos.

Al principio noté el efecto purificador que tenía el fuego, especialmente en ese lugar. Los espíritus ayudantes se acercaron y permanecieron en las afueras del bosque. Sin dificultad identifiqué a los ángeles guardianes de Madame y Clóvis, entre ellos, cuando el fuego consumió la casa de Madame y el bosque. Se evaporaron grandes porciones de fluidos pesados, casi pastosos; cualquier persona que inhalara incluso la más mínima porción de ese humo, en el momento de mayor brillo, moriría instantáneamente, tal es la toxicidad física y espiritual.

Cuando los encarnados salieron corriendo de la cabaña, al iniciarse el incendio, los espíritus de turno también la abandonaron, refugiándose en el bosque. El bosque, al incendiarse, se volvió insoportable para los espíritus infelices que allí se reunían. Además de los recién llegados, que habitualmente permanecían atónitos en el interior de la cabaña, todos huyeron, incapaces de soportar el calor de las llamas a causa de su fluida, grosera densidad y aun apegados a las cosas materiales; algunos se desmayaron y pronto fueron recogidos por enfermeros del plano de rescate espiritual; serían llevados a rehacer instituciones, ya que hasta entonces habían sido mantenidos como esclavos y desde hacía algún tiempo algunos tenían la intención de cambiar su proceder.

En cuanto a los demás, huyeron perdiendo la base que los sostenía, su vibración negativa los arrojó a regiones espirituales infelices. Allí, tarde o temprano, tendrían que reiniciar su difícil camino de reconstrucción. Entre los espíritus bondadosos, uno se dirigió a mí y a Letes, agradeciéndonos las oraciones que dijimos por Clóvis.

Era su "ángel de la guarda", mostrando tristeza por las fechorías de su pupilo, sordo y ajeno a las sugerencias evangélicas que le dirigía en vano.

La desencarnación de Clóvis fue traumática, pues siniestras compañías espirituales se apoderaron de él; tan pronto como comenzó una dolorosa y difícil desconexión de su cuerpo físico, que parecía no tener fin, Letes y yo intentamos ayudarlo, pero solo pudimos orar, ya que su espíritu estaba pasando por un drama increíble, debido a su imprevisión.

Se vio obligado a abandonar la materia, a la que lo sujetaban fuertes lazos, además de crueles sufrimientos, pero en el plano espiritual lo esperaban espíritus hambrientos; tan pronto como comenzó a desprenderse de su cuerpo, lo atacaron drenando su ya disminuida vitalidad. Se había creado una paradoja increíble, del dolor de las quemaduras, en el plano físico, y del ataque vampírico, en el espiritual; sin opción, gritó horrorizado.

Las oraciones hechas por los tres a favor de Clóvis aliviaron su sufrimiento, lo que se logró mediante un desmayo providencial. Bajo la acción directa de su "ángel de la guarda", Letes y yo sabíamos que tarde o temprano despertaría, con las mismas impresiones, y luego estaría en regiones dolorosas del plano astral, comúnmente llamadas zonas del Umbral inferior, siempre envueltas en sombras, dudas y dolor, con espíritus en sintonía con él como compañía. También oramos por otros espíritus que sufrían; sabíamos también, sobre todo, que llegaría un tiempo en el que todos, tocados por el remordimiento, el dolor o la reflexión, volverían el corazón a Dios, Padre del amor, que nunca abandona a sus hijos, buenos o malos; en ese preciso momento, se pondrían ante ellos todos los medios y oportunidades necesarias para el inexorable ascenso restaurador de su progreso espiritual, a lo largo de repetidas reencarnaciones, entre pruebas y expiaciones.

Reflexioné sobre la bondad divina, permitiendo a todos los seres navegar por los mares de la vida, en constante aprendizaje, a través de cantata con personas de todas partes.

Para todos los viajes Dios nos ha equipado, Sus hijos navegantes, con la segura guía de la conciencia. Tampoco faltaron nunca las estrellas en el cielo, los espíritus protectores que nos guían y nos corrigen constantemente el rumbo.

Somos nosotros los que deliberadamente nos perdemos, al insistir en navegar en las traicioneras aguas de las malas tendencias, desconociendo los varios faros y boyas de peligro que nos advierten, las enseñanzas que nos dio Nuestro Señor Jesucristo!

La caridad del Creador es tal que con cada naufragio nuestro, navegantes incautos que somos, Él nos concede la bendición de un nuevo viaje o la alegría de quien, perdido en el mar, escucha "tierra a la vista."

PASAPORTES DE DESTINO

Los bomberos, avisados tardíamente, llegaron al lugar del incendio y comprobaron que no se podía hacer nada más. Solo secuelas. El fuego había consumido todo el edificio y lo que había dentro. Como quedaron partes de algunos muros que presentaban riesgos, fueron derribados.

Una ambulancia llevó a Madame Olga y Karen para ser tratadas. El cuerpo de Clóvis fue trasladado al Instituto Médico Legal (IML) para emprender las acciones legales.

Allí, unas horas más tarde, solo unos escombros humeantes y montones de ceniza daban la noticia que un incendio había destruido una casa.

Llegaron curiosos, miraron y se fueron.

Todos temían a Madame Olga y no podían resistir el deseo de ver la destrucción que creían, aunque causada por el fuego, había sido causada por "castigo de Dios."

Al caer la noche, no había nadie más por allí.

Solo Letes y yo permanecimos por algún tiempo en oración, dando gracias a la Divina Providencia por los beneficios espirituales que ya estaban surgiendo como resultado. El mayor, sin duda, fue el feliz rescate que Karen hizo con la pareja a la que había perjudicado en el pasado, cuando ella era una jugadora empedernida.

Florêncio llegó tiempo después y se unió a nuestras oraciones.

Antes que la noche escondiera ese paisaje, dejamos ese lugar. El tiempo y la naturaleza, como siempre, serían los encargados de reconstruir la vegetación y el bosque.

Florêncio tomó a Letes y al despedirse nos informó que pronto nos reuniríamos para continuar nuestras tareas con los Oreppis.

Fui al Hospital Municipal, donde fueron atendidas Madame Olga y Karen. Las encontré postradas, en camas paralelas en la misma sala colectiva, junto con muchas otras pacientes.

Madame Olga había sido operada del brazo y todavía estaba bajo anestesia. La lesión había sido grave, ya que le había cortado algunos tendones. No fue difícil identificar quién era el espíritu bondadoso que la velaba, su "ángel de la guarda", quien me sonreía; agradecido, me informó que hacía años que no podía acercarse a ella. "Otro", pensé.

Karen, despierta, pero en estado de shock, había recibido un vendaje adecuado para la quemadura de la cara. Ambas recibieron serofisiología con antibióticos. Me acerqué a ellas y oré.

Temprano en la mañana, Madame Olga recuperó el conocimiento y luego de unos momentos identificó dónde se encontraba. Incluso en la penumbra, vio a Karen a su lado.

Como queriendo asegurarse que estaba viva, que era parte del mundo, que aquellas no eran las regiones infernales que tanto temía y que recordaba de las últimas horas, susurró el nombre de aquella valiente joven:

– Karen...

Karen tenía los ojos cerrados, pero estaba despierta. No estaba asustada. Entreabrió los ojos y miró lentamente a Madame, sin decir nada.

– Karen, ¿no morimos? – Preguntó Madame Olga.

La joven, bajo la intensa emoción que conllevaba la pregunta, salió parcialmente del estancamiento espiritual en el que se encontraba sumergida durante horas. Después del incendio, su cerebro se negó a poner en orden sus ideas. Lo único en lo que podía pensar era en la triste realidad: el fuego había quemado su última esperanza, la recuperación de Gino, y, peor aun, le había robado su tesoro más preciado, la belleza.

Al recordar a Gino, "nunca más" eran las únicas palabras que había estado repitiendo mentalmente una y otra vez. Madame Olga, sin saberlo, la había librado de esta dura prueba.

Karen permaneció en silencio.

Madame comenzó a llorar y entre lágrimas alcanzó a decir:

– Hija mía. Que Dios te pague por la ayuda que me brindaste, nunca te olvidaré, nunca más.

El "nunca más", dicho por Madame, con una connotación opuesta a la que se había fijado para Karen, la liberó de la incipiente obsesión.

– No fue nada – respondió Karen, apáticamente.

– Arriesgaste tu vida, fuiste herida por mi culpa y yo fallé en lo que me pediste, perdóname hija.

Lo que vi entonces en aquel ambiente doloroso gratificó todos mis esfuerzos de casi veinte años. Karen extendió su brazo libre hacia la señora y tomó su mano. Cuando las manos se juntaron, de ambas brilló una luz que casi me cegó, como si el Sol hubiera salido hacia adelante.

Rayos coloridos, hermosos y balsámicos envolvieron a las dos mujeres.

Entendí que era testigo privilegiado de uno de estos momentos mágicos, reservados por la ley del amor, ¡cuando se produce el perdón!

Las lágrimas de Karen, reprimidas, fluían libremente. Hacia los suyos, los míos y los del "ángel" protector de Madame se unieron.

Volviendo a una vieja duda, si un ángel llora, entendí que solo dentro de mucho tiempo, cuando llegue allí en un futuro lejano, lo sabré. Eso es porque, por ahora, solo tengo el nombre de "ángel."

Karen fue dada de alta dos días después y tuvo que regresar diariamente para que la vendaran. Madame permanecería hospitalizada.

Así, los demás días, las dos mujeres pasaban muchas horas juntas, mientras Karen se esforzaba por visitar y permanecer al lado de Madame.

Con el paso de los días, las dos consolidaron una amistad sincera, volviéndose cercanas.

Deduje que eran espíritus conocidos desde hacía mucho tiempo, pero separados desde hacía décadas, a consecuencia de los inextricables meandros del destino, que nosotros mismos tejemos.

Libre de las vendas, Karen continuó visitando a su amiga que había exigido llamarse solo Olga, prescindiendo de "Madame."

"Ya era hora", pensé, no porque le faltara el respeto, sino simplemente porque la "Madame" la excluyó de la sencillez, colocándola en un falso pedestal social.

Durante una de estas visitas, una enfermera se acercó a las dos y, mirando fijamente a Karen, le preguntó:

– ¿No eres tú la chica que vino aquí con un médico el día que murió la mujer?

Era Anita. Karen la reconoció.

– Sí, soy yo – respondió.

– ¿Y qué estás haciendo ahora?

– Visitando a mi amiga. Tuvimos un accidente y a mí también me atendieron aquí, pero ya estoy bien.

Karen, al decir estas palabras, instintivamente se llevó la mano a la cara, tapando la cicatriz que, como en todos los casos de quemaduras duras de tercer grado, causaba mala impresión.

Anita entendió.

– Llegué hoy de vacaciones – dijo amablemente –. Si hubiera estado aquí habría ayudado en algo. Pero gracias a Dios veo que te has curado. Esto pronto pasa.

En un gesto espontáneo, se abrazaron.

Karen, que había sido sometida a fuertes emociones debido a su disgusto por la cicatriz, rompió a llorar.

Olga, comprensiva, también lloró.

Anita, haciéndose práctica, las regañó a ambas:

– ¿Qué es esto, lloronas? Nadie murió.

Pero sus ojos, enmarcados por lágrimas a punto de caer, delataban su aparente fuerza.

– "No me ha ido muy bien últimamente, ¿cómo es que no puedo dejar de llorar también?" – pensé.

Las tres se hicieron amigas.

Aunque en situaciones diferentes, las unió un denominador común: hechos espirituales en sus vidas. Karen, desde el accidente, se había sincerado con su madre, contándole todo lo sucedido, sin ocultar nada. Lo sentí mucho. Doña Perla, feliz, agradeció a Dios que su hija "volviera con ella." Con el conocimiento espiritual que poseía, le explicó a Karen:

– Hija mía, Dios bendiga tu arrepentimiento y te fortalezca en la corrección de tus errores. Siempre que hacemos mal, nunca estamos solos, porque hay espíritus que sintonizan con nosotros y se nos unen. Todos aquellos obsesionados, por sus pensamientos o por su comportamiento, son los únicos responsables de esta sintonía. Entre los obsesores, algunos son vengadores, en el proceso de cobrar deudas de otras vidas, otros son simplemente gorrones. En ambos casos somos responsables, porque al no pensar en el mal y no actuar incorrectamente, estos infortunados hermanos desencarnados no podrán influir en nosotros y pronto se alejarían. Ora por ellos, hija mía, sin guardar rencor, ya que generalmente desconocen las enseñanzas de Jesús, recomendando el perdón y el amor por los demás.

Karen, perspicaz, reflexionó que sin duda llevaba mucho tiempo recibiendo consejos de compañías espirituales negativas. Dedujo, correctamente:

– "Solo con 'compañeros' podría haber hecho tantas tonterías y mentir tanto, sin que nadie lo sospechara, pero me siento culpable, por mí y en parte por ellos, porque fui yo quien 'abrió la guardia'."

Por consejo de su madre, comenzó a orar por estos espíritus, lo cual fue muy bueno, porque si el grupo liderado por Cantídio había sido retirado, ya se acercaba otro grupo, con los mismos propósitos.

Olga y Anita, cada una a su manera, eran médiums de considerable condición, la primera intuitiva y la segunda clarividente. Karen, al escucharlos desahogarse, narrar sus experiencias "con almas", como decían, supo ahora, sin lugar a dudas, que había sido víctima de obsesores.

Una de las bendiciones del dolor es la reflexión profunda. Olga, que sufría un dolor intenso por sus heridas, tenía el corazón apesadumbrado por el remordimiento. Incapaz de reprimir el arrepentimiento por sus engañosas actitudes a las que se había entregado, se lo confesó a sus amigas, jurando no volver jamás a ese camino.

Anita habló de la luz que vio en el momento de la desencarnación de Aurélia. Demostrando su mediumnidad de clarividencia; para nada emotivo, contó cómo trataba a los enfermos antes y después, refiriéndose a la clarividencia cuando Marcos y Karen visitaron a Aurélia, momentos antes de su desencarnación.

Karen, repitiendo las enseñanzas de su madre, despertó en sus amigas el interés por el estudio del Espiritismo, que tan bien aclara todos los acontecimientos de la vida, tanto en el plano material como en el espiritual.

Sabiendo que Karen estaba desempleada, Anita logró que la contrataran en el Hospital Municipal, como auxiliar de enfermería, ya que había mucha escasez de personal, por los bajos salarios.

Karen aceptó y tuvo una excelente maestra en Anita quien le enseñó muchas cosas sobre la profesión.

No había forma de impedir que la dirección del hospital asignara a Karen la atención de pacientes de SIDA.

Una vez dada de alta, Olga comenzó a vivir en una habitación en la parte trasera de la casa de Anita.

También consiguió trabajo en el hospital, como ayudante de cocina, recomendada por Anita.

Tres meses después del incendio, Anita hizo una invitación sin precedentes a Karen.

– Me propusieron tratar a un paciente – comenzó –, en Italia.

– ¡¿En Italia?!

– Sí, es una familia muy rica. Los familiares no quieren que el paciente se quede en Brasil, ya que esto comprometería su negocio. Tienen un bonito apartamento en Roma y allí es donde irá el paciente a morir.

– ¡¿Morir?! – Exclamó Karen.

– ¡Claro! – Continuó Anita –. Le queda poco tiempo de vida, tal vez dos meses. Me ofrecieron mucho dinero, pero no lo acepté porque no puedo dejar a mi marido y a mis hijos. ¿Quieres que te recomiende? – Preguntó.

– ¡¿Yo?! – Karen casi se queda sin aliento.

– ¿Por qué no? Sabes cómo tratar esta horrible enfermedad. Aquí no hay compromisos. Es una gran oportunidad.

Me mantuve absolutamente alejado del proceso de decisión, que fue devastador:

– ¡Lo tomo!

Una vez hechos los arreglos y tomadas todas las medidas, Karen se embarcó hacia Italia.

El paciente, Enrico Sartelli, un hombre de unos treinta y cinco años, iría la semana siguiente.

Sartelli le otorgó a Karen, por adelantado, una importante cuenta bancaria, certificada por un saldo financiero depositado en un Banco de Roma, además de una tarjeta de crédito internacional. Además portaba un certificado médico, con firma notarial, que acreditaba su misión de acompañar al paciente. Éste, siendo italiano, gozaba del derecho a ser tratado en su tierra natal, por especialistas de su nacionalidad. Así, no hubo obstáculos en su traslado a Europa.

Perla, abrazando a su hija antes de embarcar, besó su rostro desfigurado.

- Hija del corazón - dijo la madre entre sollozos -, el diamante no apaga la sed ni sirve de alimento si su dueño permanece en el desierto. Eres mi amada hija y siempre te he considerado la criatura más bella del mundo. Si Dios marcó tu rostro, estoy segura que fue para que el mundo pudiera ver la belleza de tu corazón, mucho mayor que el de los diamantes. Cuida mucho al hombre que va a tan triste destino, considera cómo son los pasaportes del destino, puedes regresar, algún día, pero él no lo hará. Que Jesús sea tu compañero, siempre, hija mía, porque si no tienes el amor de Gino, tienes el suyo, que ama a toda la Humanidad.

Karen nunca se había sentido tan sola como en el momento en que el avión despegó hacia el viejo continente.

Más de doscientos pasajeros y se sentía muy sola.

En el aire, muy arriba, mirando las enormes nubes, blancas como el algodón, recordó que en la clínica ambulatoria de la planta también se utilizaba algodón, que ella misma había utilizado en los numerosos vendajes a los que había sido sometida. Pensó en Gino, alejándose cada vez más.

Su corazón ya latía al ritmo del anhelo. Su alma estaba herida, sacudida por tantos choques de sentimientos.

A esa altura, a veces veía montañas abajo, a veces veía ciudades, a veces veía el mar alrededor del avión, algunas nubes. Me acerqué a ella, ya que ella la acompañaba. En las oraciones, le sugerí que pareciera incluso más alto de lo que ya era.

Me escuchó, en su alma, miró el infinito del cielo y dio gracias a Dios, por la vida, por todo lo que allí abajo, visto desde allí tan pequeño, ¡pero en verdad tan grande! Lágrimas calientes mojaron su rostro, cuyas formas habían sido esculpidas artísticamente por los espíritus encargados de su reencarnación.

Sin embargo, la belleza que le había sido prestada, como factor de prueba y también como ayuda para el presente camino terrenal, le había sido quitada, a tiempo para evitar una perdición mayor.

Feliz la persona encarnada que, ante grandes pérdidas, comprende que los bienes materiales constituyen un préstamo de Dios, servido en la Tierra, en la bandeja de la fugacidad.

Quizás el mayor consuelo que el Espiritismo ofrece a los hombres sea el derribar, mediante el razonamiento, la pantalla materialista que les inculca que es paradójico que alguien gane, con alguna pérdida, tanto como considerar a quien afirma que la muerte no existe para tiene la mente nublada, y que cree que la verdadera vida comienza en la tumba y no en la cuna.

ÓRBITAS EVANGÉLICAS

Marlene consideró prudente dejar pasar un tiempo hasta poder hacerse con todo lo que legalmente le pertenecía del patrimonio de Vito.

Contrató a un abogado y no pasó mucho tiempo antes que, ya viuda, el Tribunal liberaría la parte que le correspondía de la importante herencia dejada por Vito.

No satisfecha con su fortuna, tomó como una cuestión de honor vengarse de Gino. Se centró en la figura del hombre "que la había despreciado" y no pasó mucho tiempo antes que compañías invisibles se unieran a ella. Creó sucesivos planes, pero ninguno fue aprobado.

Con la idea cristalizada en Gino, con motivos vengativos, se convirtió en una criatura infeliz, apática y sin otros objetivos.

Esto fue aprovechado por espíritus que comenzaron a gravitar a su alrededor, uniéndose, en armonía, con algunos otros que hacía tiempo que estaban como vengadores, algunos, gorrones, otros, como en la mayoría de obsesiones.

Se enfermó. Incluso después de tantos meses de la muerte de Vito, sus familiares atribuyeron su apatía y finalmente su enfermedad a su inconsolable viudez. Ningún tratamiento la salvó de una neumonía que casi la lleva a la muerte. En el delirio gritaba el nombre de Gino, como si fuera infiel e ingrato. Los familiares pensaron que lo mejor era mantener contacto con Gino, creyéndolo responsable del estado de Marlene. Pero apenas lo entrevistaron, se dieron cuenta de su inocencia; le atribuyeron que se había desequilibrado debido a la viudez, lo que le había provocado enfermedades y delirios.

Sin embargo, le pidieron a Gino que visitara a su cuñada, ya que tal vez podría ayudarla, o al menos calmarla.

Gino accedió, con una condición, que la visita sería presenciada por un familiar suyo y que contaría con la asistencia médica de su amigo, el Doctor Marcos.

Entonces, esa misma noche, Gino, con Marcos y la mamá de Marlene, fueron a visitarla al hospital donde estaba internada.

Marlene miró a Gino. Sintió un dolor insoportable al respirar, por la presión pulmonar sobre el hígado.

Los espíritus que la obsesionaban se aferraban desesperadamente a ella, ya que intuían que no podrían "batirse en duelo", como pensaban, con Gino, por la posesión. Bajo una presión de fluido tan fuerte, que ella misma apoyó y debido a sus pensamientos de venganza, tuvo una crisis respiratoria. Marcos se apresuró a buscar medicinas.

El hecho que Gino ingresara al hospital en oración la salvó de la hemoptisis[8], permitiendo una transfusión instantánea de sus fluidos vitales.

Gino, tranquilo, se acercó a la cama y la tomó de las manos. En íntimas súplicas a Jesús, oró para que Marlene fuera sostenida por buenos espíritus.

Desde la muerte de Vito, ese fue el primer momento en que Letes logró acercarse a su pupila, pues había sido repelido en cada intento realizado, acompañado, siempre de influencias perniciosas, éstas, prejuzgadas por ella en tiempos perdidos de vidas pasadas.

Gino no lo vio, pero lo intuyó, supo que la ayuda que había pedido había llegado desde Más Alto.

Cuando Marcos regresó, listo para ponerle una inyección, se dio cuenta que la crisis había pasado.

Marlene cerró los ojos porque no quería ver a su cuñado. Pero, bajo la influencia fraternal de las manos que la sostenían,

---

[8] N.E. Expectoración de sangre.

sucedió lo mejor que le pudo pasar, lágrimas. En ese momento sagrado, se encendió en su corazón la chispa divina del amor, implantada por Dios en todos nosotros desde que nos creó. El amor fraternal de Gino devolvió el equilibrio emocional a Marlene, dándole un vínculo con él. Allí se disolvieron probables disputas entre ellos, almacenadas en el pasado, y sus espíritus celebraron la reconciliación.

Marlene sintió el tacto de Gino en su rostro, secándole las lágrimas, en un gesto delicado, con el dorso de sus manos. Gino, todavía rezando, no dijo nada. Marlene tampoco.

Su madre lloró, mientras la intuición informaba a ese corazón materno que su hija había ganado una terrible batalla, en dos frentes, físico y espiritual.

Los espíritus infelices estaban desconcertados y no sabían qué hacer. Huir era lo mejor, pensaron. Pero nuevamente se sorprendieron por una actitud que solo el amor puede controlar, cuando Letes se dirigió a ellos.

– No se vayan, por favor, los necesito.

Como siempre, solo la figura de Letes imponía respeto y ahora que había hecho una "invitación", los espíritus tenían miedo de rechazarla.

Se miraron indecisos.

– Esta mujer es muy querida en mi corazón – explicó Letes –. Si ella les causó algún daño, yo también debo ser responsable, ya que somos compañeros desde hace mucho, mucho tiempo. Pero ha llegado el momento de corregir los errores del pasado.

Había un brillo intenso en sus ojos.

– Quiero ser su amigo – dijo –, y le pido a Dios que ustedes también sean mis amigos. Perdónenme.

Los espíritus estaban asustados. Ese hombre, que les parecía aterrador, comenzó a tener su silueta cubierta lentamente por una luz. Juzgándose ante un ángel, se arrodillaron, en actitud espontánea.

Letes tocó sus cabezas, levantándolos y abrazándolos uno a uno, entonces el gigante se acercó a Gino y lo abrazó también, conmovido y agradecido, infiriendo que su misión, de ahora en adelante, definitivamente era más fácil.

Gino asimiló en su alma el gesto fraternal de Letes.

Le dio un pase a Marlene, dejándose asesorar por Letes, quien le donó fluidos muy energizantes. Sorprendentemente, Marlene mejoró.

Gino volvió a visitar a Marlene. Sin dificultad, la atracción sexual que la impulsaba hacia él se transformó en admiración y amistad.

Unos días más tarde fue dada de alta ya que estaba curada. Durante este tiempo, Letes se ganó la confianza de los espíritus que llevaban mucho tiempo atormentando a Marlene, así como de aquellos que recientemente se habían acercado a ella.

Aunque transformada espiritualmente, permaneció irreductible en un punto: no permitió que sus hijos se acercaran a sus dos hermanos, hijos de Vito y Aurélia.

Florêncio, siempre guiándonos a Letes y a mí, nos convocó a una reunión importante. Nos informó que nuestras tareas estaban llegando a su culminación y que debíamos, más que nunca, estar atentos para actuar de acuerdo con las sagradas enseñanzas evangélicas del Maestro Jesús.

Gino llevaba en el pecho el dolor de quien ama, pero cuyas alegrías de amar le son negadas. Karen era la mitad de su corazón, la mitad de su destino, la mitad de su vida. Y había desaparecido, como si se evaporara.

Una vez, sufriendo la soledad que había invadido su alma, decidió buscarla. Fue a su casa y allí se enteró, por un vecino, que la familia ya no vivía allí, desde hacía mucho tiempo, y no conocía el nuevo domicilio. Consideró imperativo resignarse a no volver a verla nunca más, porque, después de tantas oraciones, eso le parecía una respuesta.

Cada día, después de cumplir con sus obligaciones profesionales, aliviaba sus penas dividiéndose entre la estancia en la clínica de la planta y sus deberes doctrinarios en el Centro Espírita. En ambas actividades casi siempre estuvo con Marcos.

La clínica brindó atención ininterrumpida, demostrando el éxito de su implementación.

No pasó mucho tiempo antes que empezaran a surgir casos de SIDA.

Por sugerencia de Marcos, se compró una casa destinada exclusivamente a pacientes terminales de SIDA.

Marcos, una vez yendo al Hospital Municipal para atender a un familiar de un trabajador de la planta, encontró a Anita, quien se alegró de verlo.

Por impulso, Anita lo abrazó con miedo. Recordó lo que pasó cuando atendió a Aurélia. Ella le dijo que después de ese día se había hecho espírita y que actualmente ella y una amiga suya, Olga, estaban asistiendo a un curso para médiums.

– ¿Has visto a esa chica – le preguntó Marcos –, Karen, que vino conmigo a visitar a Aurélia?

Anita, cumpliendo su promesa a Karen, mintió:

– No, doctor, nunca más la volví a ver.

Marcos la invitó a ella y a su amiga a visitar el Centro Espírita que ella frecuentaba, ubicado cerca de su casa.

Cuando vi llegar a Marcos, entendí inmediatamente la advertencia de Florêncio, hecha hace algún tiempo. ¿Fue una coincidencia que Marcos estuviera allí, en Italia, en el mismo Congreso Médico Internacional sobre el SIDA al que Karen había asistido solo por curiosidad?

Sentí una sensación placentera con la presencia de Marcos, deduciendo que actuaban fuerzas espirituales superiores. ¡Positivamente, eso no puede ser una coincidencia!

Marcos estaba con un grupo latinoamericano, en una de las numerosas instalaciones donde se reunían otros grupos. Karen estaba en el salón público, asistiendo a una conferencia, traducida simultáneamente a varios idiomas. Durante un descanso se encontraron. La sorpresa les robó la voz.

Se limitaron a mirarse, muy emocionados. Inconscientemente, Karen se llevó la mano a la cara, cubriendo la cicatriz.

Marcos se acercó lentamente y le tendió la mano. Antes que Karen respondiera al saludo, Marcos la envolvió en un fuerte y largo abrazo.

Ese abrazo le trajo Brasil al recuerdo de Karen, le trajo todo el sentido de su vida hasta ese momento, de manera indefinida le trajo a Gino.

Marcos permaneció en Roma durante tres días, encontrándose con Karen siempre que era posible, enterándose, el primer día, del accidente que sufrió en el incendio. Sin detalles, Karen habló sobre su actividad profesional con un paciente terminal. Invitó a Marcos a visitarlo, lo que sin duda sería beneficioso para el paciente. Marcos aceptó la invitación.

Con el consentimiento de los familiares, a quienes les pareció muy bien, ya que a ninguno le gustaba ir a ver a Enrico, Marcos llevó aliento y consuelo espiritual a Enrico, que se encontraba en un estado muy grave.

Regresó los otros dos días.

En la tercera visita, Marcos se dio cuenta que Enrico solo tendría unas horas más de vida terrenal, permaneciendo lúcido solo en pequeños espacios. Marcos observó que Karen, para él, lo era todo, sus ojos apagados brillaban cuando se acercaba a él y lo tocaba con cariño. Se quedó dormido, dulcemente.

Karen dijo que ningún familiar estaba siquiera dispuesto a acercarse a él, a veces pasaban hasta diez días sin una sola visita o una llamada telefónica.

Enrico comprendió el disgusto que sus familiares sentían hacia él, sin siquiera intentar ocultarlo, por muy caritativo que fuera. Esto le dolió más que el dolor que le provocaban las múltiples enfermedades que padecía.

Marcos se sorprendió cuando Karen lo invitó a participar de la lectura evangélica, que hacía todos los días con Enrico.

- Cuando nos conocimos él nunca le había dado importancia a la oración - explicó Karen -. Poco a poco lo convencí de reflexionar sobre el Evangelio de Jesús.

Le mostró a Marcos el ejemplar de *El Evangelio según el Espiritismo*, de Allan Kardec, que le había regalado su madre.

- Poco después de inaugurar nuestro "servicio evangélico diario", Enrico se lamentó mucho de haber desperdiciado su salud con las drogas. Cuando se volvió adicto, se inyectaba cocaína en las venas, junto con personas poco conocidas que le prestaban la jeringa. Pronto nos hicimos amigos. Cuando llegamos aquí, Enrico me pidió que les escribiera cartas a algunos de ellos, porque cuando todavía estaba en Brasil les dijo que había contraído el SIDA. Se enteró que casi todos estaban en la misma situación. ya hemos recibido respuesta de dos, también muy enfermos, informando de la muerte de los demás de la clase, con la misma enfermedad.

Karen despertó a Enrico y, después de rezar juntos el "Padre Nuestro", le pidió que abriera *El Evangelio según el Espiritismo*, en cualquier página. Una vez hecho esto, Karen leyó en voz alta el texto "Propiedad Verdadera", del capítulo 16:

"El hombre solo tiene lo que puede tomar de este mundo. Lo que encuentra cuando llega y lo que deja cuando se va lo disfruta durante su estancia en la Tierra; pero, una vez que se ve obligado a abandonarla, solo tiene goce y no real posesión. ¿Qué posee entonces? Nada que sea para el uso del cuerpo, todo lo que sea para el uso del alma: inteligencia, conocimiento, cualidades morales, lo que nadie puede quitarle, lo que le servirá aun más en el otro mundo que en este depende que seas más rico a su partida que a su llegada, porque su posición depende de lo que ha adquirido. Cuando un hombre va a un país lejano, hace su equipaje. objetos que sean aprovechables en el campo, pero no lleva aquellos que le serían inútiles, por tanto, haz lo mismo para la vida futura, y procura todo lo que en ella pueda servirte."

Después de leer, Karen añadió algunas palabras más de inspiración.

Marcos y Karen, juntos, le dieron un pase a Enrico, el primer pase que Karen transmitió conscientemente, porque, según le explicó Marcos, las donaciones de amor que venía haciendo eran los mejores pases.

Enrico lloró. Calmándose, al cabo de un rato, declaró:

– Doctor Marcos, quiero que sea testigo de lo que le voy a decir ahora mismo, soy un hombre rico en dinero y pobre en virtudes, solo tuve un poco de felicidad en este mundo, la verdad, después de conoció a Karen. Sé que no duraré mucho y por eso quiero que la mitad de todo lo que tengo pase a ella, ya que la declaré mi heredera; soy soltero y no tengo dependientes, por eso te pido que cuando me vaya se cumpla mi voluntad.

Karen, sorprendida y conmovida, abrazó a Enrico. No estaba completamente consciente de lo que acababa de escuchar.

Iba a decir que no aceptaría nada, pero Enrico la interrumpió:

– No digas que no lo aceptas, Karen, acéptalo y úsalo como mejor te parezca; mi corazón me dice que repartirás muchos beneficios con el dinero.

Estaba a punto de decir algo más, pero una repentina crisis se apoderó de él. Retorciéndose de dolor, todavía tuvo fuerzas para coger una carpeta con documentos, escondida debajo de la cama, y entregársela a Marcos.

En la portada de la carpeta había una etiqueta con el título: *"Mi testamento – copia."*

Al sentir la muerte de Enrico, Marcos le indicó a Karen que llamara al médico que lo estaba atendiendo y le sugiriera que enviara una ambulancia urgentemente.

El espíritu de una joven muy hermosa se acercó y me saludó, ella era la protectora de Enrico. Al igual que Karen, ella lo acarició con extrema dulzura. Miró a Karen, mostrando intensa gratitud por el cuidado que le brindó a su protegido.

Pronto llegó el doctor Leonardo, médico de Enrico, y se alegró de la coincidencia de encontrar allí a Marcos, tal como se habían conocido en el Congreso. Enrico, agonizante, también dijo, en italiano:

– *Dottori Leonardo e Marcos, per me e tutto finito, per favore, metà de la mia ricchezza e per la signorina Karen, mio testamento e definitivo e totale, voglio che voi sianno testimoni, se essenziale davanti la legge, promettano a me, per Dio!!*(Doctores Leonardo y Marcos, para mí, todo está terminado, por favor, la mitad de mi fortuna es para la señorita Karen, mi testamento es definitivo y total, quiero que sean testigos, si es necesario ante la ley, prométanmelo, ¡por Dios!).

Leonardo y Marcos se limitaron a tartamudear:

– ¡Sí, sí, lo prometemos!

Marcos dirigió una sentida oración a Jesús, rogando por el bien de Enrico. Karen y Leonardo lo acompañaron en oración.

Se avisó a los familiares, pero ninguno vino a ver a Enrico, en esos últimos momentos en la tierra.

Enrico falleció.

Aunque solo Karen derramó lágrimas por aquel espíritu que regresaba a la patria infinita, sus lágrimas contenían la energía sublime del amor.

Allan Kardec tenía razón cuando comentó, en *El Evangelio según el Espiritismo*, en el capítulo 14, sobre el parentesco corporal y espiritual. El maestro lionés afirmó que lo que une a los espíritus no son los lazos de consanguinidad, sino los de simpatía y comunión de pensamientos.

Allí, tres personas de orígenes muy diferentes, dedicando su amor a Enrico, formaron con él una familia.

Dos espíritus bondadosos llegaron y, lentamente, comenzaron a desatar los lazos que unían el periespíritu de Enrico a su cuerpo tan dañado.

De manera similar a la expulsión de Vito, Enrico también sería asistido en una institución de rescate en el plano espiritual, dependiendo de las proyecciones de su pantalla mental, si permanecería allí, si mostraría un sincero arrepentimiento, o iría con los espíritus infelices, estacionados. en regiones oscuras, si se rebelaba contra el dolor que inexorablemente permanecería con él para reequilibrarlo.

Por invitación del doctor Leonardo, Marcos prolongó su estancia en Italia, ayudando incluso en los trámites del transporte del cuerpo a Brasil, a petición de sus padres.

En cuanto al testamento, los dos médicos acudieron al notario, para cumplir la promesa hecha a Enrico de ser testigos de refuerzo. Quedaron exentos de esta medida, ya que fueron informados que Enrico ya había transferido casi todos sus activos financieros a bancos en Italia, hacía aproximadamente un mes. El refuerzo testimonial de Leonardo y Marcos fue innecesario, pues el testamento ya estaba registrado en notaría, habiendo sido firmado por cinco testigos. Ya estaba lista una copia, destinada a sus padres, en Brasil, quienes eran "herederos necesarios" de la mitad del patrimonio de Enrico, considerando que era soltero y no tenía hijos. Por lo tanto, no habría forma que la familia eventualmente interpusiera un recurso para anular el testamento.

De repente, Karen se había hecho rica.

Por mi parte, también sorprendido por aquellos inesperados e importantes acontecimientos con mi querida Karen, no pude evitar algunos pensamientos: una vez más un enfermo terminal le abría las puertas de la fortuna, una vez más Marcos era testigo de ello. Él la conquistó ahora, sin ninguna estafa o engaño, solo por ejercicio de la pura caridad, lo que tanto había deseado hacía mucho tiempo. Esta vez; sin embargo, no se mostró entusiasmada, ya que su corazón estaba llorando, debido a la lástima que Enrico había despertado en ella.

Poseer la herencia llevaría algún tiempo. Por eso decidió quedarse en Italia y el médico de Enrico la invitó a ser su asistente en el hospital donde trabajaba. Demostrando que el dinero ya no era su motivación vital, actuó con humildad y aceptó la invitación. Esta, de hecho, ayudó a oficializar fácilmente su extensión de estancia en ese país.

Durante todo el tiempo que estuvo con Marcos, Karen no hizo ninguna pregunta sobre Gino. Tenía muchas ganas de hacerlo, pero le faltaba el coraje.

Por su parte, Marcos quería hablar de su amigo, pero tampoco encontraba la manera. Solo en el aeropuerto, cuando Marcos regresó a Brasil, Karen sacó el tema. Inconscientemente llevó su mano a la cicatriz y, ahogada por las lágrimas, preguntó:

– Marcos, si eres un verdadero amigo mío, no le digas a Gino que me viste. ¡Prométeme eso!

– Lo prometo, Karen.

Con mucha suavidad, Marcos quitó la mano de Karen de su rostro y besó su cicatriz, con mucho cariño.

Con los ojos llenos de lágrimas también, abordó.

Cuando el avión se alejaba, ya en el aire, Karen seguía llorando y Marcos también.

Entre las personas que se aprecian o se aman duele cada despedida, los niños que van por primera vez a la escuela, los jóvenes que cambian de ciudad o se casan, los familiares que nos visitan, los cónyuges que cada día salen de casa para ir a trabajar, las almas queridas que van al plano espiritual.

El Espiritismo nos muestra; sin embargo, que nunca ha habido una sola despedida sin reencuentro.

Cuando nos encontremos en la situación extrema, la desencarnación, solo la certeza de la repetición de vidas aliviará el dolor de la separación. Así, en cualquiera de los casos en los que vivamos despedidas, separaciones cortas o largas, mantengamos la fe en el reencuentro pues este será un poderoso antídoto capaz de sacar nuestro corazón de las mallas del anhelo y colocarlo al amparo de la esperanza.

Pero para las lágrimas, vuelvo a repetir, no sé si hay remedio, de hecho, las lágrimas casi siempre son el remedio. Incluso pienso que nunca llorar, ni sería bueno para nadie. Parece que solo cuando sea un "ángel", en un futuro lejano, muy lejano, sabré si los "ángeles" también lloran.

ALEGRÍA EN EL CIELO

Durante mi estancia en Italia, con Karen, me comuniqué a menudo con Letes.

Entonces descubrí lo que estaba pasando con la gente de Brasil que eran tan queridos para mi corazón y el suyo también. Me dijo que Marlene buscó a Marcos en su consultorio, llevando a su hijo mayor a ser examinado. Conocía a Marcos desde que se sometió a análisis de sangre, antes de la muerte de Vito.

Marcos, quien como profesional había causado muy buena impresión a Marlene, fue elegido por ella para cuidar de su hijo. Quedó contenta con el diagnóstico y la prescripción, el niño mejoró rápidamente y pronto se curó.

Marcos visitó al paciente dos veces en su casa.

Siempre atentos y amables recíprocamente, él y Marlene no se dieron cuenta inmediatamente que entre ellos la atmósfera de simpatía que se había creado pronto se convirtió en amor.

Solo cuando ya no hubo motivo de visitas y no se vieron durante dos días, sintiendo el alma clamar por la presencia del otro, comprendieron que se habían enamorado.

Sin obstáculos, los dos comenzaron a salir, sabiendo que su unión, a través del matrimonio, era solo cuestión de tiempo.

Gino se enteró y se alegró.

Durante su noviazgo, ayudado por Letes, Marcos logró liberar a Marlene de la prohibición que impedía a sus hijos acercarse a los hijos de Aurélia.

Guerino y Lízzia, sintiendo los matices de un vacío existencial, aceptaron felizmente la sugerencia de Gino de albergar a sus nietos "ilegítimos" en su casa. No se arrepintieron, la casa se llenó de luz espiritual, ya que los niños eran cariñosos con sus abuelos y siempre estaban complacidos, besados y abrazados por ellos.

Si bien el menor resultó seropositivo, las características de su condición patológica indicaban que el síndrome no presentaba tendencia a la inmunodeficiencia.

En un caso muy raro, el niño era portador del virus del SIDA, pero del tipo VIH- 2, como se llama oficialmente al virus más leve, ese que incluso puede ser mantenido por el sistema inmunológico sin causar mayores daños al organismo. Sería el mismo tipo de virus que afecta a gran parte de la población africana y asiática.

Respecto al caso particular del hijo de Aurélia, Florêncio nos explicó a Letes y a mí que tales situaciones, en algunos casos así, son caminos en el plano espiritual para que despierte la fraternidad entre los familiares y el paciente. Dijo más:

– Si se mira con atención, la Humanidad tiende a descubrir la inmunización contra este virus devastador, a través de la vacuna. De hecho, la vacuna no tardará mucho, pero aun así seguirá presente en todos los rincones del mundo, induciendo a los hombres a la rectitud moral. Cuando el hombre es bueno y obedece las leyes divinas, las enfermedades, todas las enfermedades, serán solo tristes recuerdos de un pasado de comportamiento desafortunado.

También supe que Anita buscó a Marcos, porque habían aceptado la invitación para visitar el Centro Espírita al que asistía. Le explicó que la persona que las llevó a ella y a Olga para ir al otro Centro Espírita se había mudado.

Marcos respondió que la asistencia era gratuita, aclarando; sin embargo, que para poder asistir a las reuniones mediúmnicas tendrían que esperar un tiempo, destinado a estudios doctrinarios.

Durante estos estudios deberán asistir a conferencias, recibir pases y, si es posible, participar en alguna de las diversas actividades asistenciales del Centro Espírita.

Anita y Olga fueron a asistir a una conferencia. Fuimos con ellos Florêncio, Letes y yo. Cuando llegaron, a Olga el corazón casi se le paró, el presidente del centro era aquel hombre rico, visto en el periódico que le había regalado Karen, pidiendo un "trabajo."

Olga, cuyo brazo debido a las heridas había limitado irreversiblemente sus movimientos, se sintió mal.

Tuvo esa impresión hasta que el dolor volvió, cuando vio a Gino.

Quería irse inmediatamente.

Anita, sin entender la reacción de su amiga, la siguió angustiada. Olga, ahora fuera del Centro Espírita, confesó el motivo de su retiro.

– ¿No ves que tal vez – Anita fue incisiva y práctica –, precisamente por eso viniste aquí?

– ¡¿Cómo así?!

– Si el hombre está ahí, ¿no es porque Dios te está dando la oportunidad de pedir perdón?

– Pero, si pido perdón, tendré que decir el motivo y estaré poniendo a Karen en una situación horrible.

– ¡Al contrario, Olga! Si le dices que fue por amor, ahí es donde quizás les ayudes, quién sabe, ¿a los dos?

Le hizo un guiño travieso, gesto que indujo a Olga a regresar al Centro Espírita. Escucharon la conferencia.

Gino notó lo insistente que era la mirada que le dirigía la mujer con el brazo en cabestrillo.

Una vez finalizada la reunión, los asistentes se marcharon. Gino, al ver que la mujer tenía algunas dificultades, se dirigió a ella:

– Buenas noches, hermana. ¿Hay algo que te gustaría comentar con nosotros sobre la conferencia?

Olga estaba muy asustada. No había forma de empezar a hablar. Anita, a su lado, la tocó ligeramente. Olga, aun así, sintió su lengua inmovilizada.

– ¿Nos conocemos? – Gino intentó hacerla sentir a gusto.

Olga no supo qué decir. Su alma hervía de sentimientos encontrados, que iban desde el arrepentimiento por haber asistido a ese Centro, al miedo que el hombre que tenía delante conociera su pasado.

Gino, al darse cuenta que la mujer estaba confundida, la apoyó suavemente:

– ¿Cómo se llama la señora?

– Olga...

– ¿Es la primera vez que vienes aquí?

– Sí...

– ¿Qué te trajo?

– Vine con mi amiga.

– ¿Alguien te recomendó nuestro Centro?

Olga tenía miedo de responder la verdad, si decía que estaban allí, ella y Anita, por invitación de Marcos, tendrían dificultades para ocultar el resto.

En ese momento; sin embargo, Anita y Marcos se acercaron.

– Olga, él es el doctor Marcos – lo presentó Anita.

Olga respondió al apretón de manos y luego declaró que necesitaba irse. Anita, sin entender, la siguió.

Marcos estando a solas con Gino comentó:

– Esta señora que vino conmigo es enfermera del Hospital Municipal, donde estaba Aurélia. Según me contó, esa amiga suya también trabaja ahí, en la cocina. Ambas son muy comedidas y fue por invitación mía que vinieron a ver el Centro. Estoy contento.

Gino, pensando en Olga, preguntó:

– Esa señora, Olga, ¿por qué estaba tan nerviosa en mi presencia? Algo me dice que ella ya me conocía e incluso siento que existen conexiones espirituales entre nosotros.

Marcos no sabía nada del pasado de Olga, por lo que no pudo aclarar las dudas de su amigo.

Cuando las dos mujeres ya no regresaron al Centro Espírita, Gino mencionó este hecho a Marcos, quien también lo había notado. Marcos llamó a Anita preguntándole por qué no había regresado al Centro con su amiga. Anita se excusó y Marcos dio por cerrado el asunto.

La casa destinada a enfermos terminales de SIDA, vinculada a la clínica ambulatoria de la planta, también fue utilizada por el ayuntamiento en virtud de un acuerdo firmado. De las quince camas existentes, cinco estaban destinadas a pacientes remitidos por la Dirección Municipal de Salud.

En términos generales, todos los pacientes eran pobres. Algunos, mendigos.

Hubo grandes dificultades para conseguir personal de apoyo para trabajar en "Bendición de la Paz", nombre de aquel bendito rincón, donde tantos pacientes ingresaban con el terrible veredicto de muerte inminente.

En "Bendición de la Paz", hubo una alta rotación de pacientes fallecidos y de empleados que permanecieron en el trabajo por poco tiempo.

Marcos puso un anuncio en el periódico para el puesto de enfermero jefe. Decidió que las entrevistas las realizaría él. Sorprendido y feliz vio a Anita entre varios otros candidatos. Anita, también sorprendida, dijo que se había jubilado, pero que necesitaba "reforzar el presupuesto." Ella fue contratada. Por recomendación suya, Olga también, para coordinar la cocina.

Los planos superiores de la espiritualidad dirigieron así a los "espíritus correctos a los lugares correctos."

Recordé que en el curso del ángel de la guarda, una vez, vimos a un instructor terminar la clase sobre la reencarnación, con las siguientes palabras: "todos vivimos en la calle de nuestros méritos y en el bloque de nuestros errores."

La "Bendición de la Paz" encontró en Anita y Olga el apoyo necesario para que sus propósitos se cumplieran, estabilizando sus operaciones.

Algún tiempo después que estaban trabajando allí, Marcos ya había despertado en ellos admiración profesional y humana.

Ellas también confiaron en él.

Sin embargo, la tristeza causada por las conmovedoras escenas que presenciaron minaron su ánimo. Sintieron que su ideal de ayudar a aquellos enfermos, a quienes la muerte ya les había avisado que pronto los visitaría, se estaba debilitando.

Sentían una necesidad urgente de reponer fuerzas espiritualmente, las dos mujeres, a punto de rendirse, se desahogaron con Marcos, pidiéndole ayuda.

Se les indicó que recibieran pases y se les sugirió el Centro que ya conocían. Ellas aceptaron.

Evitando encontrarse con Gino, Olga intentaba asistir en los momentos en que él no estaba, y Anita, solidaria, la acompañaba.

Sin embargo, Olga no tardó mucho en buscar a Marcos, considerando que "ya era hora de resolver ese asunto." Mostrándose sinceramente arrepentida por lo que había hecho, no solo a Karen, sino a "tanta gente enamorada", le dijo toda la verdad.

Antes de eso, le hizo prometer que no le diría nada a Gino.

Marcos la escuchó, sin la menor recriminación. Al contrario, la felicitó por su despertar espiritual, revelado por su valentía al admitir su error.

– Me alegro que hayas abandonado tan desafortunado ejercicio de mediumnidad – la animó –. Nunca es tarde para empezar de nuevo, ya que Dios nos da toda la eternidad para nuestro progreso espiritual. Adelante hermana, busca la armonía con los espíritus protectores y seguro que dentro de poco tiempo podrás realizar benditas tareas.

Marcos, emocionado, reflexionó:

– "¡Así que esa cicatriz en Karen fue provocada por un momento de desapego y amor por los demás!"

Alabó a Dios por los nuevos rumbos en la vida de Olga y especialmente en la de Karen.

Como le había prometido, primero a Karen, cuando se conocieron en Italia, y ahora a Olga, no le dijo nada a Gino. Interiormente; sin embargo, le entristecía ver la nostalgia permanente de su amigo, como si el anhelo lo hubiera elegido como compañero.

LA GEOMETRÍA VIENE DE DIOS

Hasta que recibió parte de la herencia dejada por Enrico, Karen trabajó con su médico, a veces en el hospital, a veces atendiendo a otros pacientes de SIDA.

Solo aquellos que ya han atendido a un paciente de SIDA, al menos durante un día, podrían evaluar el heroísmo de esa joven, nacida tan lejos de aquellos desafortunados pacientes.

Proféticamente, su madre había dicho que Dios había provisto para que el mundo, que ya había visto su belleza física, comenzaría también a ver su belleza espiritual.

Contando con el apoyo del Doctor Leonardo y varias personas con quienes tenía una relación, a Karen no le resultó difícil cambiar de nacionalidad. Dominaba casi por completo el idioma italiano. Pensé:

– "Es casi como si alguna vez hubiera sido italiana."

En su caso hubo una intervención providencial desde los planos siderales, considerando su beneficioso cambio de actitudes. Comenzando a dedicarse a los demás con extremo amor, atrajo hacia sí influencias positivas. Por mérito, ayudado por las bendiciones reflexivas de ayuda que ella misma brindaba a los demás, intuyó algunos hechos de su pasado. Comenzó a registrar en su alma un intenso deseo de maternidad. Sin embargo, una barrera infranqueable se interponía en el camino del sueño femenino de ser madre, el océano, que separaba a Europa de Sudamérica, a Italia de Brasil, a ella de Gino. Solo podía sacárselo de la cabeza cuando estaba trabajando. Por esta razón, incluso hizo todo lo posible en el cuidado de los pacientes.

Pronto pudo expresarse con tanta naturalidad que nadie adivinaría que solo llevaba un año en Italia. Tras un curso intensivo, realizó los exámenes de acceso a la Facultad de Medicina. ¡Fue aprobada!

Cuando recibió la herencia, tomó dos medidas: envió dinero a su familia, suficiente para que su madre comprara una casa y sus dos hermanos se convirtieran en dueños de una gasolinera, donde empezaron a trabajar. Instaló, en una casa con un gran terreno, en una región remota, un centro de acogida para enfermos terminales de SIDA, independientemente de su condición social.

Para esta segunda medida contó con la orientación del Dr. Leonardo, quien asumió como director, no solo por el aumento salarial, sino porque, al igual que Karen, también sentía una inmensa compasión por los enfermos de SIDA.

Sin descuidar su carrera de Medicina, permaneció estrechamente vinculada al trabajo en aquella bendita casa a la que llamó *"Porta di Luce Enrico Sartelli"*, rindiendo así homenaje a quien la había hecho su heredera.

La *"Porta di Luce"* obtuvo reconocimiento de utilidad pública, con elogios. Los enormes gastos no comprometieron la situación económica de Karen, sobre todo porque parte de la herencia había sido utilizada en una industria de instrumentos hospitalarios cada vez próspera.

Pasó cada hora disponible en la *"Porta di Luce"*, con los enfermos, ricos o pobres, haciendo uso sublime de su tiempo, recuperando, a cada minuto, días y años de errores.

El doctor Leonardo sintió gran admiración, respeto y cariño por la *"señorina de Brasil."*

Sintiendo el gran vacío en el corazón de aquella valiente joven, buscó ayudarla:

– Karen, ¿dónde está la llave?

– ¡¿Llave?!

– Sí, sí, del candado...

– ¿Qué candado?

– ¿Del que cerró tu corazón...?

Se miraron profundamente, con plena amistad. Las lágrimas respondieron a Karen.

Leonardo intuyó que había un intenso drama custodiado "por ese candado"; quizás sería mejor no abrirlo.

Solo intentó apoyarla nuevamente, moral y físicamente, cuando le ofreció cirugía plástica en la cicatriz, ya que un gran cirujano de renombre mundial y su amigo estaría participando en un congreso médico en Roma.

– Doctor Leonardo – lo sorprendió Karen –, hasta que el destino puso esa cicatriz en mi rostro, me consideraba la mujer más bella del mundo, la belleza me llevó por caminos que ni siquiera sería respetuoso contarte. Trabajé durante algún tiempo con pacientes terminales de SIDA en Brasil y en todos noté gran vergüenza al ser tratados por mí. Desde la cicatriz; sin embargo, todos los pacientes que he atendido han intuido que algo grave me pasó en la cara y esto nos acerca, despertando una empatía instantánea. Como puedes imaginar, la cicatriz debe permanecer donde está.

Y así pasó el tiempo.

Busqué a Florêncio y le pedí que me ayudara.

– ¿Ayudar en qué? – Respondió sonriendo –. Karen lo está haciendo muy bien.

– Pero no se trata de Karen...

– ¿Sobre quién entonces?

– Gino...

Florêncio adoptó una mirada seria y, después de reflexionar mucho, dijo:

– En todas nuestras vidas hay rincones escondidos y ángulos abiertos. En cuestiones de amor, entonces...

Lo miré sin entender. Continuó, con "retórica geométrica":

– Como sabemos, el libre albedrío es una de las tres caras del triángulo equilátero, en el instante alfa de nuestra creación por Dios; las otras dos caras son la inteligencia y la conciencia. Este triángulo puede incluso representarnos a nosotros, teniendo la base en la parte superior, dirigiendo la bisectriz hacia abajo; es decir, nacimos de Dios y estamos inmersos en la materia, a merced de la reencarnación. Gino, por su planteamiento cristiano, está cada vez más cerca de volver a la apariencia equilátera, cuando invertirá la posición del base.

A continuación, paseó filosóficamente por la Geografía:

– Somos como ríos, nacemos pequeños y avanzamos, siempre hacia adelante, aumentando nuestro flujo de experiencias. A veces los ríos se unen a otros ríos, siendo afluentes de ellos, a veces constituyen un afluente para otros, de la misma manera que nos conectamos con otros espíritus. Así como la corriente a veces se inclina hacia la orilla izquierda, a veces hacia la derecha, nosotros también, a veces actuamos en el bien, a veces en el mal, las aguas a veces tienen un lecho ancho, a veces se embudo, como nuestras diversas vidas, a veces más fáciles, a veces más difíciles. Aguas abajo de cada obstáculo superado, el río sigue su destino inexorable, hacia el mar, que es exactamente lo que nos sucede a nosotros, con cada desencarnación – reencarnación, hacia la perfección posible.

Escuché atentamente. Siempre fue agradable escucharlo. Respiró hondo y añadió:

– Es que fuimos creados por Dios "simples e ignorantes", en palabras de los espíritus que crearon la Codificación del Espiritismo en la pregunta 121, de *El Libro de los Espíritus*; sin embargo, es ley divina que evolucionemos desde simples a espíritus sabios. Pero, ¿qué querías exactamente que hiciera Gino?

– Nada...

Me di cuenta que ni siquiera debía pedir ayuda para promover un encuentro entre Gino y Karen.

Florêncio, leyendo mis pensamientos, me tranquilizó:

– No debemos forzar determinadas circunstancias de la vida, respecto del amor de dos criaturas. El amor universal, quizás la primera creación de Dios, que es el mismo amor integral, tiene caminos admirables, perfectos y oportunos.

Al despedirnos, notando una ligera frustración que no pude evitar, Florêncio me aconsejó:

– Nada nos impide; sin embargo, orar a Jesús por lo mejor para ellos.

En el salón principal de la Facultad de Medicina reinaba un ambiente de emoción por la concesión del título de Doctor.

Los estudiantes de doctorado y sus familias vivieron los momentos felices que brinda la victoria que significó el diploma, ¡la realización de un ideal! ¡Karen era la más feliz de la clase!

Su madre, sus hermanos y Anita estaban orgullosos de ella. Habían venido a Italia, ya que ella no aceptó negativas, incluso envió para todos pasajes de avión de ida y vuelta, adjuntos a la invitación de graduación.

Olga, también invitada, no quiso venir, para nada, porque tenía miedo de volar. Se quedó administrando la "Bendición de la Paz."

Karen "exigió" que viniera Marcos, para ser su padrino, invitación que fue aceptada con mucha alegría.

Cuando recibió su diploma fue muy aplaudida, pues aunque no dio a conocer su filantropía hacia las personas con SIDA, sí era conocida por sus colegas y familiares. Marcos, quien le entregó el diploma, la besó cariñosamente.

Unas mil quinientas personas abarrotaban la sala principal.

Bueno, solo la bondad de Dios y el cuidado de Jesús por todos nosotros pueden explicar cómo, mientras se giraba para agradecer al público que la aplaudía, lo vio, allí en medio de la sala, ¡Gino!

Lo vio, pero no lo creyó. Marcos no lo vio.

Karen asumió que estaba atrapada en un espejismo, de esos que muestran oasis a los perdidos en el desierto. Por un momento, sus sentidos cristalizaron, sin escuchar más los entusiastas aplausos que estaba recibiendo. Su corazón, para compensar la repentina emoción, le presentó una taquicardia formidable. No podía razonar ni moverse. No escuchó nada. Ni siquiera podía parpadear.

Su reacción se debió a las emociones generadas por el ambiente de graduación y los redoblados aplausos.

Ante la pétrea inmovilidad de Karen, se produjo un feroz aplauso, en una simbiosis público- aprendiz.

Dos personas hicieron algo que nunca se había hecho en ese salón, en tales circunstancias, silbaron estridentemente. Eran Carlitos y Toñito, los hermanos de Karen. Pronto se escucharon más silbidos, hasta que se volvieron ensordecedores.

Karen se salvó al despertar de un sueño fantástico. Se unió a la clase y Marcos regresó a su lugar entre el público.

Karen miró a Gino, dudosa. Pero eso no fue un sueño, él estaba allí, ¡sí!

Una vez terminadas las celebraciones, no supo qué hacer. Su cerebro estaba subordinado a cualquier instinto o corazón que determinara. No podía quedarse en la sala, llegaría el momento en que tendría que salir, su familia, Marcos y Anita la esperaban en la salida. Sin otra alternativa, salió del salón.

Al acercarse a la monumental puerta de entrada y salida, vio a los brasileños esperándola.

Un poco alejado del grupo familiar, ¡ahí estaba!

Perla, Anita y Marcos siguieron la mirada de Karen y quedaron impactados al ver a Gino.

El médico, como un robot, se dirigió hacia Gino, deteniéndose a dos o tres pasos de él.

Sus miradas, dos intensos focos, formaban un único haz luminoso, compenetrándose entre sí.

Ninguno de los dos pudo decir una palabra.

Los familiares se dieron cuenta de la intensidad de la escena y del momento, permaneciendo en guardia.

– ¡¿Tú aquí?! ¡¿Cómo te enteraste?! – Alcanzó a decir Karen.

– Es una larga historia...

Volvieron a guardar silencio. Los segundos eran horas.

Me impresionaron los rayos de luz que pasaban entre ellos, de corazón a corazón.

Gino tartamudeó:

– ¡Ya no puedo vivir sin ti! – Tartamudeó Gino.

Karen tuvo la impresión que, dentro de su pecho, mil violines tocaban una dulce sinfonía. Sus labios, solo sus labios, se movieron, emitiendo la silenciosa respuesta:

– ¡Yo tampoco!

Después de muchos años de inclemencia sentimental, Gino también escuchó, en su corazón, acordes de la "música de la felicidad."

Faltando el respeto a todas las leyes físicas de la dinámica y la cronología, la distancia que los separaba desapareció, sin una fracción de tiempo.

Cuando se dieron cuenta, quedaron entrelazados en un abrazo que unió sus cuerpos prácticamente por completo.

Entre tantas parejas que allí se besaron, serían solo una más. Lo serían, si el apasionado beso no representara el feliz clímax de mucho tiempo.

Tiempo de encuentros, desencuentros y reencuentros, uniones, rupturas, desencuentros.

¡De adaptación, ahí, por fin!

Gino colocó suavemente su rostro contra la cicatriz de Karen y permaneció allí por mucho tiempo.

Es una pena que los encarnados cercanos no pudieran ver lo que veíamos. Precisamente desde el punto donde la cicatriz anunciaba la gravedad de la quemadura, salían pequeños, pero intensos rayos de luz, de diferentes colores.

Más tarde, Gino le explicó a Karen:

– Tuve la sorpresa más grande de mi vida, hace dos semanas, cuando descubrí que estabas en Italia. Estoy seguro que no fue una "coincidencia", sino más bien la gracia de Dios. Los Oreppi y los Sartelli cerraron un gran contrato y las familias se hicieron amigas. Sabiendo que atendía a personas con SIDA, me dijeron que habían recibido una carta de unos familiares en Italia, comentando la *"Porta di Luce Enrico Sartelli"*, cuya fundadora, una brasileña que se había instalado allí hacía siete años, se había ocupado de Enrico y ahora recibiría su título de médico. Coincidencia, ¿no? Es similar a la "Bendición de la Paz", que el Grupo Oreppi mantiene en Brasil.

Preguntando a los Sartelli si la carta daba el nombre del fundador de la *"Porta di Luce"*, respondieron:

– Karen, Doctora Karen.

– El resto – concluyó Gino – ya te lo puedes imaginar. A petición mía, los Sartelli en Italia verificaron la fecha de graduación e informaron a los de Brasil, quienes amablemente me transmitieron la información. Cuando fui a contarle a Marcos sobre el "gran descubrimiento", antes de decir una palabra, me informó que viajaría a Italia, que asistiría a una ceremonia de graduación de médicos y que patrocinaría a uno de ellos. Marcos me presentó a dos señoras, que conoces, Anita y Olga, ambas son espíritas y médiums que han brindado servicios relevantes en el Centro Espírita al que asistimos Marcos y yo.

Karen no se avergonzó, vio la intervención de la espiritualidad en todo. De hecho, en cualquier caso, ya había decidido que, antes que nada, le contaría a Gino su desafortunado intento de "recuperarlo", con la ayuda de Olga. Solo estaba esperando que dejara de hablar. Muy franco y leal, Gino continuó:

– Anita vino a informarme que necesitaba viajar a Italia, pero que regresaría en menos de una semana. Cuando le pedí detalles sobre el viaje, se confundió y dijo que ocultaba algo. Sabiendo de la amistad de Anita con Olga, la busqué y le pregunté si sabía qué iba a hacer su amiga en Italia. Me sorprendió, Olga, en un arrebato impresionante, lo contó todo. Me pidió perdón, lo cual me conmovió profundamente, le dije que lo único malo que hizo fue ocultar que me amabas. Si no fuera por ella, no sabría que me amas – bromeó Gino, finalizando.

Movidos por la fuerza del destino, fieles a las leyes de dios, con la bendición de protectores espirituales, Gino y Karen regresaron a Brasil.

Karen definitivamente regresaría.

"Porta di Luce" estaría a cargo del doctor Leonardo y dos colegas recién egresados, quienes llevaban tres años dedicándose a la atención de pacientes. Si hasta entonces no habían recibido nada, ahora sí recibirían una retribución, al pasar su dedicación profesional a tiempo completo.

Karen transfirió sus acciones en la industria de equipamiento hospitalario a la *"Porta di Luce"*, garantizando así el sustento de esa bendita etapa vespertina de difícil exfoliación.

Una vez en Brasil, y casada con Gino, asumió múltiples cargos administrativos en el Grupo Oreppi, como estaba previsto desde antes de su reencarnación.

La mitad del trabajo diario; sin embargo, se dedicaba a la "Bendición de la Paz", bajo cuya dirección se mantenía a Marcos.

Me sentí muy feliz de ver a Marlene participando en las actividades de "Bendición de la Paz." Letes, muy feliz, me informó que, en un desarrollo espiritual, Marlene había sido alertada de la deuda contraída con el aborto que se había hecho, al separarse de Vito.

– ¿Sabes por qué nuestro "viejo" conocido Ângelo es su hijo? – Preguntó Letes.

– Puedo imaginar...

– Así es, comprometida por el aborto, habría inmensas dificultades en un nuevo embarazo, que solo la elevación de Ângelo pudo superar; ahora teniéndolo a su lado, sin ningún pensamiento de venganza, al contrario, solo el deseo de ayudarla a crecer espiritualmente, Marlene mantiene la calma; así, aceptó con gusto nuestra sugerencia, mía y de Florêncio, de iniciar un rápido rescate. Decidida, optó por ayudar a su marido en una de las actividades más difíciles de la actualidad: cuidar a personas con SIDA.

Karen volvió a la juguetería donde, veinte años atrás, había "ganado" una muñeca de lujo.

Al salir de la "Bendición de la Paz", vestía uniforme. Llevaba la muñeca que había "ganado" esa Navidad y que había estado guardada con mucho cariño todos estos años.

La tienda, todavía en la misma dirección, había sido ampliada. Allí estaba la antigua encargada, que ahora era la propietaria: aunque anciana, Karen la reconoció.

Karen se acercó a la sección de muñecas e hizo una extraña petición:

– Por favor, pon esa muñeca ahí.

– ¡¿ ?!

– Cogí esta muñeca hace veinte años, utilizando un truco muy feo de chantaje emocional.

– ¡¿ ?!

– No me reconoces, pero recuerdo muy bien tu cara. Yo era esa niña que señaló con el dedo esta muñeca y obligó a algunos clientes a comprármelo.

– ¡Dios mío! Cómo has cambiado – recordó la mujer.

Se abrazaron, se emocionaron.

La dueña de la tienda dijo que esos clientes, poco después del incidente, fundaron una guardería que aun dirigen. Proporcionó la dirección.

Karen acudió a sus benefactores navideños y les pidió que la perdonaran.

– ¿Cómo podemos perdonarla, Doctora, si fue gracias a ti que hemos encontrado momentos de felicidad desde aquel día?

Ella les prometió que, si Dios lo permitía, mientras ella viviera, todos los niños de la guardería recibirían regalos cada Navidad; Además, todo el azúcar necesario para alimentar a los niños sería suministrado por el Grupo Oreppi. Solo hizo una exigencia, silencio absoluto, y las donaciones nunca se hicieron públicas.

Recientemente, se produjo una monumental crisis laboral en la planta, cuando el Grupo Oreppi decidió invertir en el progreso, anunciando que implementaría tecnología de punta en la mecanización de la cosecha de caña de azúcar.

De hecho, hubo interés en adquirir máquinas cosechadoras agrícolas que, incluso antes de llegar, despertaron desconfianza y miedo entre los empleados rurales del sector cañero que temían el desempleo. Actuando con el equilibrio habitual, Gino creó un comité técnico formado por agrónomos y sindicalistas rurales, representantes de los cortadores, para debatir las consecuencias de la mecanización.

La orden de Gino era estricta, si había pruebas de daño a los trabajadores, la planta daría marcha atrás. Sin embargo, la comisión confirmó, inicialmente, la eliminación de los numerosos inconvenientes causados por la quema de campos de caña, durante el precorte, un ambiente hostil para los empleados y condiciones climáticas ambientales adversas, en las ciudades vecinas.

Se demostró que, incluso con cada cosechadora operando entre treinta y cuarenta trabajadores, dado que esas máquinas pueden funcionar a tiempo completo, veinticuatro horas, habría condiciones para absorber a todos, no solo en la operación y mantenimiento de las máquinas, sino también en los empleos indirectos que se crearían en la industrialización del sector cañero y producto de las cosechas intermedias de granos.

Además, la rotación de cultivos, las plantaciones de maní, soja y frijol, indicadas para nitrogenar el suelo que produce caña durante cinco años, siempre serían un factor de absorción de mano de obra rural.

La crisis se había resuelto. Se instaló el progreso. El ambiente que prevalecía en la Planta Santa Quiropita era de paz, siendo los patrones, los Oreppis, muy queridos por los empleados que los trataban con respeto y dignidad.

En momentos de dificultad para algunos de ellos, siempre prevaleció el criterio del apoyo incondicional, los posibles interesados quedaron a la excepción y los propios compañeros se encargaron de detenerlos.

Cuando Guerino y Lízzia cumplieron cincuenta años de matrimonio, fueron sorprendidos con una gran fiesta realizada en la planta, por familiares, amigos y empleados.

Después de las fiestas, Guerino y Lízzia dieron un paseo por las instalaciones de la planta, acompañados únicamente de sus nietos, hijos de Vito y Marlene, y Vito y Aurélia. Se detuvieron frente a las cuatro colosales chimeneas. El nieto menor preguntó para qué servían.

Acariciando al niño, que estaba enfermo, el abuelo respondió, dirigiéndose a sus nietos:

– Son túneles al cielo.

Como sus nietos no entendieron, explicó:

– Todos nacimos aquí en la Tierra, y después de cumplir con nuestros deberes ante Dios, volvemos a Él. Noten cómo las cenizas quedan en la tierra y allá arriba se eleva el humo blanco.

Y añadió, ante sus asombrados nietos:

– Mira cómo el fuego purifica los leños, produciendo cosas buenas con el calor, desechando las cenizas y enviando solo el humo hacia las nubes. Pues de la misma manera, la vida también nos purifica, a través de las pruebas y dificultades; nacimos, luchamos y luego regresamos a la patria espiritual, de donde venimos; las cenizas representan nuestros cuerpos, luego de cumplir su misión y el humo blanco es nuestro espíritu.

Estaba en oración de gracias a Jesús, por la feliz guía de mis tutelados, cuando fui convocado a una reunión con Florêncio.

Felicitándome por el éxito de mi tarea, me abrazó largamente y me dijo:

– Karen logró superar las engañosas celebraciones terrenales de la fortuna y la belleza. ¡Gracias a Dios! Con Gino prácticamente tiene un ángel de la guarda a su lado, además de poder contar siempre conmigo, ya que es mi deber ayudar a los Oreppis. Karen espera con ansias la maternidad y estamos seguros que será una madre dedicada. Esto está muy bien, ya que es hora que regresen Cantídio y Aurélia a los choques de la carne; después irán también Clóvis y Enrico, y Vito será el último.

Clóvis y Enrico, que estropearon el préstamo divino de un cuerpo físico perfecto, realizarán etapas físicas relativamente cortas, únicamente para reequilibrar los periespíritus que dañaron. Aun más triste será el regreso de Vito, espiritualmente aprisionado en un cerebro dañado. De esta manera Karen tendrá tres hijos con problemas difíciles y tres más sin problemas.

Luego me miró inquisitivamente. Puso sus manos sobre mis hombros. Sentí como algo se movía dentro de mí, como si mi corazón hubiera recibido un dulce masaje de buenos fluidos.

Florêncio, con el aire más sereno de la Tierra o del cielo, con la mayor naturalidad, informó:

– Por la excelente gracia de Dios, es hora que se interrumpa tu tutela de Karen.

Lo miré confiadamente, sintiendo que las lágrimas, "las lágrimas benditas", ya llegaban a mis ojos y a los de él también.

Saludó a mi futuro:

– Dentro de unos años, además de Gino, Letes y yo, estarás ayudando a tus cinco hermanos de sangre.

Me abrazó con fuerza.

– Karen, viuda en la vejez, tendrá en ti, como su primogénito, al guardián que ahora se aleja de ella. Como se puede ver, Dios pone ante todos Sus hijos los medios necesarios para el progreso espiritual y los debidos rescates, registrados por el tiempo, muchos de ellos polvorientos a lo largo de los siglos.

Fin.

¿JUICIO FINAL?

El SIDA, nombre oficial que la Organización Mundial de la Salud da al Síndrome de Inmunodeficiencia Adquirida, lejos de ser manifestación cruel de una condición patológica irreversible, es, entre muchas otras, una consecuencia más de los errores humanos.

Mucha gente está "absolutamente segura" que Dios, "muy entristecido por la lujuria y la promiscuidad humana, decidió crear el SIDA, para castigar ejemplarmente a la Humanidad."

Deducción asumida por mentes desprevenidas, en un análisis defectuoso. A lo largo de la historia, el mundo siempre ha tenido un gran asesino de vidas en forma de enfermedad. Y es probable que los siga teniendo durante mucho tiempo.

De la lepra a la viruela, de la hidrofobia a la tuberculosis, de la sífilis al cáncer, millones y millones de personas fallecieron, en algunos casos, bajo una naturaleza epidémica, si no pandémica.

A excepción del cáncer, todas estas enfermedades terminaron su carácter epidémico, bajo la decisión de los espíritus protectores del planeta, cuando terminó la base colectiva de aprendizaje espiritual de las víctimas, quedando casos aislados.

El SIDA causa dolor. Mucho dolor.

Ahora bien, el dolor ha estado siempre en el planeta Tierra, incluso antes que el hombre, acompañando la evolución de los seres orgánicos primitivos, en su larga trayectoria hacia el progreso. Cualquiera que interprete el dolor de manera diferente a un valioso instrumento de aprendizaje evolutivo estará cometiendo un gran error.

Prescindible, pero casi siempre no prescindible.

Para los irracionales, se trata de un magnífico proceso natural que les conduce por el camino evolutivo, ya que sus cuerpos – como el nuestro –, tienen sensores muy desarrollados para registrar los impulsos nerviosos que surgen de él, el dolor, en los actos de la vida. Por tanto, aprender qué factores lo provocan, en la medida de lo posible, con el aprendizaje, evitará la repetición.

Para los hombres, el dolor es la cosecha de una plantación infeliz, tan inevitable como intransferible. De hecho, el dolor no es una creación divina.

Es un mecanismo establecido por quienes son responsables de aplicar las leyes divinas, invariablemente con miras al progreso espiritual de las criaturas.

Cuando el espíritu evoluciona, la conciencia le cobra deudas, a veces asumidas por errores escondidos en los pliegues del tiempo. Nadie está contento sabiendo que está endeudado, de ahí que el rescate, lejos de ser punitivo, si se entiende bien, sea una oportunidad bienvenida. Por tanto, será impropio atribuir al Padre, incluso en los lugares elevados de alto nivel moral, características similares a las de los padres terrenales. Entre ellas, el castigo, como forma pedagógica de enseñanza. Y, por extensión, perdonar o recompensar.

Por supuesto, el SIDA no es "un castigo" y menos aun una enfermedad. De hecho, es una auto apertura a varias enfermedades, que surgen simultáneamente. Sabiendo que potencialmente llevamos dentro de nosotros virus de muchas enfermedades, que en la mayoría de los casos nunca despertarán ni actuarán, es necesario imaginar que, como en el caso del SIDA, algo muy fuerte ha provocado este despertar.

¿Qué tendría tanto poder para causar tanta infelicidad, alcanzando por la fuerza a criaturas promiscuas, pero también inocentes, hemofílicos de comportamiento normal, parejas fieles, recién nacidos?

A favor de la lógica, en el testimonio inquebrantable de la bondad y justicia de Dios, Creador, Padre, solo se puede encontrar la respuesta, admitiendo, de entrada, que ninguno de los afectados sobre la faz de la Tierra, por algún sufrimiento, está sufriendo injustamente.

Entonces, si la justicia divina está siempre presente, ¿cuál sería la intención de quienes padecen SIDA, cuya historia moral los exime de cualquier culpa?

Un poderoso faro para iluminar tan trascendental duda lo encontrará en los postulados del Espiritismo, cuando, al rescate, aclara que cada ser humano es un espíritu antiguo, inquilino varias veces del planeta Tierra, habitando cada vez cuerpos diferentes, a veces en diferentes lugares, a veces con los mismos compañeros.

Por deducción, si la condición de infelicidad, cualquiera que sea, no se encuentra en el presente, y en el caso concreto del SIDA, estamos ante un reflector de errores, cuya única sede solo puede estar en el pasado.

Si el SIDA hubiera estallado en cualquier otro momento, el mundo ya no tendría inquilinos humanos. Ya no estaríamos aquí, pues el carácter pandémico del síndrome, tarde o temprano, acabaría diezmándonos a todos.

Pensemos que, si apareciera en una época sin los recursos científicos que identifican los virus en general, el VIH, *Human Immunodeficiency Virus* = virus de la inmunodeficiencia humana, al no encontrar ningún tipo de combate o prevención, sería "simplemente" el aniquilador final de la vida humana.

Por tanto, repetimos, el SIDA, en sí mismo, no es una enfermedad. Se trata de un síndrome; es decir, un conjunto de síntomas que caracterizan a una enfermedad, o, en este caso, a varias enfermedades.

La inmunodeficiencia es una deficiencia en el sistema inmunológico orgánico ante las enfermedades. Para comprender el SIDA se necesitan dos enfoques, el físico y el moral.

El físico: surgimiento, en la segunda mitad de nuestro siglo; culpa - ¿intencionada o accidental? -, definirla es lo menos importante, aunque esto puede contribuir a encontrar oposición a los males que provoca; la temporalidad, el factor humano primordial se relaciona con el momento de surgimiento, 1981, oficialmente, como epidemia, para pronto evolucionar a pandemia; el primer caso, en Estados Unidos, data de 1952; en Brasil, 1980; causas, enumerarlas, como factores predisponentes, para identificar aquellas que recién ahora habrían desencadenado el síndrome, es útil en términos de prevención física; sin embargo, se sabe que los medios de propagación involucran actos que los hombres ya han realizado en el pasado, homosexualidad, transfusión de sangre, lactancia materna, promiscuidad sexual generalizada; – como todos estos factores no se originaron en este siglo, podemos decir que ninguno de ellos "creó" el SIDA –; la drogadicción, con el uso de la llamada "jeringa colectiva", es necesariamente un importante transmisor del VIH entre los usuarios.

Pasemos a analizar algunos de los *factores morales* vinculados al SIDA: En primer lugar, prácticamente agotando las afirmaciones, hay que considerar que el SIDA es un aspecto del comportamiento humano. Como este comportamiento ha sido en su mayor parte erróneo, el SIDA podría, o mejor dicho, "debería" haber aparecido hace mucho más tiempo. Ahora que hemos estallado, debemos comprender su oportunismo y así inclinarnos ante la sabiduría y la bondad divinas.

Hay una advertencia incuestionable sobre el SIDA: todos, en todas partes del mundo, conocen su existencia y aunque la mayoría se considera inmune a él, en el fondo de su conciencia está plantada la semilla del correcto proceder fraterno; bajo las condiciones propuestas por Jesús, en la "Parábola del sembrador",[9] de cada cuatro, solo germinará una semilla, en las tierras fértiles – hombres buenos –; el resto se perderá, secándose al Sol, asfixiado por las espinas o comido por los pájaros. El Espiritismo, magnífico faro consolador del espíritu, tiene también la propiedad de "fecundar todas las almas", con lo que, con él, prosperarán todas

---

[9] Mateo, 13: 3- 9.

las semillas morales del comportamiento humano. Cuando una persona se entera que tiene VIH, se produce una tormenta moral en su espíritu, con relámpagos, truenos y brillantes descargas magnéticas. En ese momento, la perplejidad, el temor y la revuelta son catalizadores de un malestar permanente.

Muy pocas personas, cualquiera que sea la causa del SIDA, son capaces de mantener un minuto más de paz hasta la liberación anunciada e inexorable. Incluso en las víctimas hemofílicas o infectadas por parejas infieles, la paz desaparece para siempre. Instruye el Espiritismo que en el periespíritu – matriz del cuerpo físico –, están indeleblemente grabadas las consecuencias de todos los males orgánicos del hombre, resultantes de malos actos; esto, hasta el completo restablecimiento de la normalidad, mediante el debido rescate. Así, hay casos en los que la dolorosa exfoliación no pone fin al tormento que la haya podido provocar, como por ejemplo en los suicidios, directos o indirectos.

El SIDA, cuando se contrae por promiscuidad sexual o consumo de drogas, puede catalogarse como suicidio indirecto, y en este caso, después de abandonar el cuerpo material que le servía, el espíritu seguirá sufriendo las impresiones resultantes de enfermedades oportunistas; esto se debe a que el periespíritu que recubre al espíritu, obediente a su mandato, tendrá presente el contenido vibratorio de las heridas sufridas por el vaso físico. Hasta que, por arrepentimiento, o incluso por mérito resultante del equilibrio de agravantes y atenuantes, es ayudado por entidades angélicas. Pero, en cualquier caso, habrá un largo período de infelicidad, de dolor, de desesperación, de "crujir de dientes."

La misión de todos los que ya fueron bendecidos aquí con las bendiciones de la Doctrina Espírita será transferirlas a los enfermos de SIDA. Y no solo para ellos, sino también para sus familias, el personal del hospital en general y el mayor número posible de personas.

Mencionamos en particular a los pacientes de SIDA, porque para ellos la muerte es una advertencia previa. Aunque la persona seropositiva pueda sobrevivir unos meses o algunos años, en cualquier caso la acción pluriviral destructiva será irreversible. El período de incubación del virus VIH varía y alcanza hasta quince años, pero el promedio es de cinco a siete años. Este es tiempo más que suficiente para que el "sembrador espiritista" comience a sembrar, aunque los inmunodepresores solo confirmen el contagio unos meses antes del desenlace, que siempre es inevitable. La simultaneidad de varias enfermedades en un mismo individuo, casi todas ellas mortales, proporciona una profunda reflexión sobre el hecho que, al mismo tiempo, diferentes patologías pasan factura a la salud. Esta característica del SIDA, fundamental y diferente de la mayoría de los demás procesos patológicos, nos lleva a la convicción que el rescate de un paciente de SIDA se diferencia de otros rescates, es intenso, incomparablemente más difícil; tal vez sea incluso un fuerte signo que "vienen tiempos", en los que actitudes equivocadas tendrán un resultado estrepitoso.

¿Qué "tiempos que vienen" serían estos? Pensamos que son tiempos de despertar.

En un diagnóstico apresurado, muchos consideran que el SIDA es una especie de agente del "Juicio Final" que se acerca rápidamente.

No, no es así.

En primer lugar, porque no hay ni habrá nunca un juicio colectivo definitivo, habiendo, como siempre ha habido y habrá, un "juicio permanente" individual.

¡Despertemos, sí! Ante la proximidad de la promoción del planeta Tierra, pasar de un "mundo de expiación y de pruebas", a un "mundo de regeneración", como propugna Kardec. No sabemos cuándo, pero es seguro que sucederá. Quizás no sea exagerado considerar que la cuenta atrás fue iniciada el 18 de abril de 1857, por el propio Kardec, cuando sacó a la luz *El Libro de los Espíritus*, que contiene toda la base moral de la vida humana, del espíritu y del cuerpo.

Los portadores del VIH son, al mismo tiempo, portadores del terrible estigma del disgusto social. Los familiares, amigos, compañeros, casi todos, son incapaces de reprimir o disimular la incomodidad de su presencia.

¿Qué nos dice el Espiritismo sobre esto?

Repite lo que enseñó Jesús, cuando afirmó que *"a cada uno según sus obras."*

La repulsión social colectiva, hoy, según la lógica espírita, tendrá una explicación en un pasado quizás lejano; por ejemplo, muchas criaturas, debido a la crueldad, fueron desterradas del entorno social, bajo la responsabilidad de los actuales rechazos.

La repulsión causa dolor.

Dolor que solo quien lo ha sufrido puede juzgar.

Dolor moral.

Eso duele más.

Cuando los jóvenes de los llamados "años sesenta" enarbolaron la bandera del amor libre, "viajando" en el éxtasis alucinógeno de las drogas, el mundo perdió una oportunidad muy importante de renovación. De hecho, poco después de la Segunda Guerra Mundial, el plano espiritual, fomentando los descubrimientos de la electrónica, hizo posible la comunicación global para el hombre.

¿Qué fue de este descubrimiento?

Muchos invirtieron en Tecnologías de la Información, esta maravilla que colocó al hombre en la Luna y permitió que las naves espaciales viajaran al espacio infinito.

Otros, por desgracia, son adolescentes y jóvenes – y esa es la razón del enfoque que buscamos –, a través de los medios de comunicación, difundieron diferentes formas de vestir por todo el mundo, diferentes maneras de comportarse, de vivir; los llamados "medios electrónicos" han inspirado el apoyo al consumo en los cuatro rincones del mundo; híbrido de arte, se creó música estridente, interpretada con instrumentos sumamente sofisticados; en los llamados "festivales", vimos la presentación de estas canciones, copiando una estructura claramente del Umbral, gritos alucinantes, gesticulación agresiva, con millones de corazones sedientos, ávidos de cosas nuevas – tóxicas, de hecho, como coparticipantes –, de fiesta, realmente, nada; miles de jóvenes, hombres y mujeres, casi niños, catalizados por los líderes de las "bandas", quedaron afectados por psicosis delirantes agudas, bajo consignas espurias; sorprende que una de estas inducciones, desgraciadamente aceptada por muchos, fuera "vive rápido, muere joven", en clara alusión al suicidio.

Músicos y aficionados, en estado de histeria permanente. Instructores del plano espiritual dirigen a muchos de estos espíritus. que exigen duras lecciones, a punto de reencarnar, en presencia de víctimas, encarnadas y desencarnadas, para presenciar los males del SIDA.

Los alumnos visitan, primero, a pacientes de SIDA situados en los tortuosos rincones del Umbral y, poco después, a otros en el plano material, observando a menudo cómo los liberan.

¡Son lecciones inolvidables!

La experiencia es muy fuerte y el aprendizaje, nada menos, constituye una verdadera vacuna pre – reencarnación contra procedimientos espurios.

Complementando las lecciones brindadas por el testimonio, aprenden que el procedimiento repetido en oposición a las leyes divinas afecta negativamente al cuerpo periespiritual, generando desarmonías difíciles de reparar.

¿No es eso lo que vimos en el Umbral?

Tales desajustes, alimentados y mantenidos por el combustible de la rebelión y la blasfemia contra el Creador, generan formas pensamiento que ofenden aun más la armonía del periespíritu.

Reservemos ahora un espacio para presentar la que quizás sea la consideración más trascendental sobre el SIDA: ¡la probabilidad que tenga un origen espiritual!

De antemano no pondremos cemento en nuestras consideraciones, permitiéndonos tener la verdad en el momento oportuno, con mejores aclaraciones que ciertamente fluirán desde los planos celestiales.

Pensamos que el SIDA resulta de la encarnación de virus psíquicos, porque el espíritu, en el que pululan pensamientos infelices, cristalizados en adicciones, termina creando esos virus, resultado de constantes vibraciones enfermizas, lo que garantiza su supervivencia y multiplicación. Inicialmente, estos virus se instalan en el periespíritu, la matriz sublime del cuerpo físico. De ahí que al sintonizarse atraen virus físicos, polarizándolos con energías negativas, generadas, al principio, repetimos, en el alma enferma.

Un estudio más preciso del periespíritu y del cuerpo humano permitirá comprender el estrecho vínculo que los une, manifestándose este último a través del sistema nervioso central.

No sería exagerado decir que el sistema nervioso es la parte más basta del periespíritu, o mejor dicho, la frontera que separa los dos estados de materia que los componen, que al fin y al cabo es la misma, solo que en diferentes densidades.

Es más: todos los acontecimientos orgánicos futuros del viaje terrestre, resultantes de vidas pasadas, están inscritos en las estructuras genéticas de nuestros cromosomas, a través del ADN – ácido desoxirribonucleico. Estos incluyen enfermedades: duración, intensidad, curación. Precioso reloj, obediente a la Ley de Causa y Efecto, el ADN es un verdadero registrador, que imprime en las células toda la información resultante de cada acto del hombre encarnado. Almacena información en las células, en forma de un archivo indestructible, dicha información "renace" cuando el espíritu se reencarna. Así, determina cuándo las células deben "detonar" la enfermedad, así como cuándo desaparecerá. Una vez redimida la deuda, la expiación queda excluida de la "escalera helicoidal de la doble hélice" del ADN que controla esas células específicas.

Por todo lo que hemos explicado, sería prudente, mucho más prudente, que el hombre combatiera el SIDA en su origen, que está en el espíritu; este origen es, si no a través del mecanismo que buscamos a tientas, sí, sin duda, a través de la reforma de las costumbres morales.

¡Reforma de imagen íntima!

Éste es el mensaje principal del SIDA.

Grandes Éxitos de Zibia Gasparetto

Con más de 20 millones de títulos vendidos, la autora ha contribuido para el fortalecimiento de la literatura espiritualista en el mercado editorial y para la popularización de la espiritualidad. Conozca más éxitos de la escritora.

Romances Dictados por el Espíritu Lucius

La Fuerza de la Vida

La Verdad de cada uno

La vida sabe lo que hace

Ella confió en la vida

Entre el Amor y la Guerra

Esmeralda

Espinas del Tiempo

Lazos Eternos

Nada es por Casualidad

Nadie es de Nadie

El Abogado de Dios

El Mañana a Dios pertenece

El Amor Venció

Encuentro Inesperado

Al borde del destino

El Astuto

El Morro de las Ilusiones

¿Dónde está Teresa?

Por las puertas del Corazón

Cuando la Vida escoge

Cuando llega la Hora

Cuando es necesario volver

Abriéndose para la Vida
Sin miedo de vivir
Solo el amor lo consigue
Todos Somos Inocentes
Todo tiene su precio
Todo valió la pena
Un amor de verdad
Venciendo el pasado

Otros éxitos de Andrés Luiz Ruiz y Lúcio

Trilogía El Amor Jamás te Olvida
La Fuerza de la Bondad
Bajo las Manos de la Misericordia
Despidiéndose de la Tierra
Al Final de la Última Hora
Esculpiendo su Destino
Hay Flores sobre las Piedras
Los Peñascos son de Arena

Otros éxitos de Gilvanize Balbino Pereira

Linternas del Tiempo
Los Ángeles de Jade
El Horizonte de las Alondras
Cetros Partidos
Lágrimas del Sol
Salmos de Redención

Libros de Eliana Machado Coelho y Schellida

Corazones sin Destino

El Brillo de la Verdad

El Derecho de Ser Feliz

El Retorno

En el Silencio de las Pasiones

Fuerza para Recomenzar

La Certeza de la Victoria

La Conquista de la Paz

Lecciones que la Vida Ofrece

Más Fuerte que Nunca

Sin Reglas para Amar

Un Diario en el Tiempo

Un Motivo para Vivir

¡Eliana Machado Coelho y Schellida, Romances que cautivan, enseñan, conmueven y
pueden cambiar tu vida!

Romances de Arandi Gomes Texeira y el Conde J.W. Rochester

El Condado de Lancaster

El Poder del Amor

El Proceso

La Pulsera de Cleopatra

La Reencarnación de una Reina

Ustedes son dioses

Libros de Marcelo Cezar y Marco Aurelio

El Amor es para los Fuertes

La Última Oportunidad

Nada es como Parece

Para Siempre Conmigo

Solo Dios lo Sabe

Tú haces el Mañana

Un Soplo de Ternura

Libros de Vera Kryzhanovskaia y JW Rochester

La Venganza del Judío

La Monja de los Casamientos

La Hija del Hechicero

La Flor del Pantano

La Ira Divina

La Leyenda del Castillo de Montignoso

La Muerte del Planeta

La Noche de San Bartolomé

La Venganza del Judío

Bienaventurados los pobres de espíritu

Cobra Capela

Dolores

Trilogía del Reino de las Sombras

De los Cielos a la Tierra

Episodios de la Vida de Tiberius

Hechizo Infernal

Herculanum

En la Frontera

Naema, la Bruja

En el Castillo de Escocia (Trilogía 2)

Nueva Era

El Elixir de la larga vida

El Faraón Mernephtah

Los Legisladores

Los Magos

El Terrible Fantasma

El Paraíso sin Adán

Romance de una Reina

Luminarias Checas

Narraciones Ocultas

La Monja de los Casamientos

Libros de Elisa Masselli

Siempre existe una razón

Nada queda sin respuesta

La vida está hecha de decisiones

La Misión de cada uno

Es necesario algo más

El Pasado no importa

El Destino en sus manos

Dios estaba con él

Cuando el pasado no pasa

Apenas comenzando

**Libros de Vera Lúcia Marinzeck de Carvalho
y Patricia**

Violetas en la Ventana

Viviendo en el Mundo de los Espíritus

La Casa del Escritor

El Vuelo de la Gaviota

**Vera Lúcia Marinzeck de Carvalho
y Antônio Carlos**

Amad a los Enemigos

Esclavo Bernardino

la Roca de los Amantes

Rosa, la tercera víctima fatal

Cautivos y Libertos

Libros de Mónica de Castro y Leonel

A Pesar de Todo

Con el Amor no se Juega

De Frente con la Verdad

De Todo mi Ser

Deseo

El Precio de Ser Diferente

Gemelas

Giselle, La Amante del Inquisidor

Greta

Hasta que la Vida los Separe

Impulsos del Corazón

Jurema de la Selva

La Actriz

La Fuerza del Destino

Recuerdos que el Viento Trae

Secretos del Alma

Sintiendo en la Propia Piel

Otros Libros de Valter Turini y Monseñor Eusébio Sintra

Isabel de Aragón, La reina médium

El Monasterio de San Jerónimo

El Pescador de Almas

La Sonrisa de Piedra

Los Caminos del Viento

Si no te amase tanto...

World Spiritist Institute

www.ingramcontent.com/pod-product-compliance
Lightning Source LLC
LaVergne TN
LVHW041911070526
838199LV00051BA/2578